Questionnement critique
des visions dépassées du monde actuel

Questions contemporaines

Collection dirigée par Jean-Paul Chagnollaud, Bruno Péquignot et Xavier Richet

Chômage, exclusion, globalisation… Jamais les « questions contemporaines » n'ont été aussi nombreuses et aussi complexes à appréhender. Le pari de la collection « Questions contemporaines » est d'offrir un espace de réflexion et de débat à tous ceux, chercheurs, militants ou praticiens, qui osent penser autrement, exprimer des idées neuves et ouvrir de nouvelles pistes à la réflexion collective.

Dernières parutions

Stéphane TESSIER, *L'interculturalité dans le quotidien professionnel,* 2019.
Laureline FONTAINE, *Lire les constitutions*, 2019.
Michel BOURSE et Halime YÜCEL, *Communication interculturelle : mode d'emploi*, 2019.
Dominique RIVIÈRE, *Quand surveiller c'est punir*, *Vers un au-delà de la justice pénale,* 2019.
Laureline FONTAINE (coord.), *Lire les constitutions*, 2019.
Guy VALLANCIEN, *À l'origine des sensations, des émotions et de la raison, J'aime donc je suis*, 2019.
Etienne BAKISSI, *Bien commun et démocratie pluraliste. Intérêt général et subsidiarité*, 2019.
Dominique GODARD, *Éthologie de la campagne présidentielle 2017*, 2019.
Christian JOUVENOT, *Macron, tombé du ciel !,* 2019.
Najwa EL HAÏTÉ, *Laïcité et République, Considérations sur la République Française*, 2019.
Joseph DIÉMÉ, *La répudiation du tribalisme sous l'ère Barack Hussein Obama*, 2019.
Pierre EGLOFF, *L'homme augmenté, l'homme diminué*, 2019.
Bruno PÉQUIGNOT (dir.), *Les industries culturelles et créatives dans la mondialisation*, 2019.
Etienne LEVESQUE, *Les impôts du bonheur, Pour une révolution fiscale écologique et européenne*, 2019.

Daniel Glauser

Questionnement critique des visions dépassées du monde actuel

L'Harmattan

5-7, rue de l'Ecole-Polytechnique, 75005 Paris

http://www.editions-harmattan.fr

ISBN : 978-2-343-18053-3
EAN : 9782343180533

Avant-propos

De même qu'il est des vérités pas bonnes à dire, de même est-il des questions auxquelles on se dérobe. Jugées par trop inappropriées, on s'en défend par la censure. Celle-ci frappe avant tout les interrogations qui gênent, s'acharnant d'autant plus sur les formulations qu'il est hors de question d'énoncer. Les risques encourus hier par ceux qui persistaient dans leurs propos hors sujet, étaient le bûcher, l'écartèlement, voire l'empalement. Giordano Bruno à Rome, sur le Campo dei Fiori le 17 février 1600, en a pris la mesure. Sa théologie était hérétique. Elle l'est toujours pour le Vatican qui, depuis, a remplacé sa pratique de la crémation à vif par celle de la mise à l'index, suivie par celle de l'excommunication. Sa physique par contre n'est plus aujourd'hui considérée comme telle. Celle du pape d'alors n'a-t-elle jamais été récusée par le biais d'une bulle émise en bonne et due forme, *i.e.* frappée du sceau de l'infaillibilité pontificale ? A vrai dire, peu importe, c'est une question dont le bon peuple ne se soucie guère, il s'en moque même comme de l'an quarante. Par contre le problème de la censure, de la forme qu'elle revêt de nos jours mérite examen. Les démocraties non totalitaires elles-mêmes sont loin de l'avoir résolu. Prenons à titre d'exemple la formulation générique de mes interrogations un rien impertinentes. Les concernant, j'estime qu'il est de première importance d'établir en toute rigueur que la mesure d'éloignement d'antenne, qui ne manquera pas d'être prise à leur encontre, constituera un recours à une forme de censure « dernier cri ».

En effet, pour que devienne familière la notion d'accès aux médias, il a fallu une longue évolution des moyens de communication aboutissant à leur plus grande efficience par le volume des informations transmises, par leur vitesse de circulation dans les réseaux hertziens et dans ceux de la fibre optique. Les premiers à se heurter à la toute-puissance du contrôle de cet accès exercé par les pouvoirs politiques furent des humoristes. Pierre Dac, candidat désarçonné par le cabinet noir gaullien qui, dans l'arrière-cour du ministère de l'information, veillait à ce que rien n'entrave la marche glorieuse à la reconduction des pouvoirs dévolus au Sauveur de la Grande Nation. C'est ainsi que l'élection présidentielle de 1965 ne fut pas dérangée par un trublion venu du côté d'ailleurs et qui, le premier, eut l'idée que la désignation du Président de la République par le peuple entier, pouvait offrir une tribune en or à tout candidat déclaré. En conséquence Coluche n'inventa rien en 1981 quand il a voulu tenter de se présenter au suffrage universel. Son initiative recueillit un tel succès d'audience, qu'il fut – vite fait – « convaincu » de renoncer à son projet politiquement incorrect. En 2018 les choses en sont-elles arrivées à ce point que l'accès aux médias se voit définitivement verrouillé par la mise en place d'un système bipolaire opposant une élite d'élus à une masse d'exclus ? Cette hypothèse fait l'objet de mon premier questionnement. Le second, quant à lui, porte sur la possibilité que cette fracture soit intériorisée sinon dans notre ADN, du moins dans la structure de notre fonctionnement mental.

Conçu en ces termes, mon projet de critiquer la représentation courante du monde ne manquera pas d'apparaître d'emblée voué à l'échec : un texte s'attaquant de front à l'autorité habilitée à lui donner ou non un lectorat, se verra automatiquement opposé une fin de non-recevoir par le lobby des mauvais éditeurs. Celui-ci est en effet assez rusé pour prévoir la mesure de privation d'antenne qui ne manquera d'être prise à l'encontre d'un tel texte qui en propose la théorie… fut-elle sous forme interrogative. Qu'ajouter d'autre à cet exposé de mes intentions créatrices ? Rien, sinon qu'il est soumis avec la lucidité de qui est animé par l'amour des causes perdues.

Quel nouvel âge historique va succéder à celui de l'économie ?

Introduction

Les âges préhistoriques s'inscrivent dans une évolution concomitante à celle parcourue par l'espèce humaine pour parvenir à son homogénéité chromosomique de groupe clos, c'est-à-dire dont l'expansion ne saurait s'opérer que par hybridation intraspécifique. Par-là est renvoyée à l'imaginaire la tératologie des sirènes, des centaures et autres chimères. L'histoire procède, elle, d'une rupture qui n'est pas consécutive à une mutation organique matérielle, analogue à celles scandant la succession des âges de la période précédente. Une telle définition négative de l'histoire ne suscitera pas de débat. Les disputes interviendront ensuite, quand il s'agira de définir positivement l'après.

Dans les lignes qui suivent, nous emprunterons une voie réflexive fondée sur le postulat d'une imbrication intime de l'historique et de l'économique. A ce stade de l'exposé, la pétition de principe doit être acceptée comme décision dont la validité ne saurait être mesurée qu'une fois offerte la possibilité de se retourner sur le chemin parcouru, c'est-à-dire en fin d'analyse. Précisons encore que notre demande d'être suivi par toi lecteur *a priori* bien intentionné, ne découle pas de celle d'être aimé, mais de celle d'être reconnu comme bonne volonté soucieuse de contribuer à l'éclaircissement d'une problématique diablement ensablée.

L'Histoire comme histoire d'historien

Entre la fixation biologique de l'être de l'espèce humaine et l'apparition du premier historien, s'est insérée une période d'invention de la civilisation qui a surgi en laissant sur sa marge une faune humaine qualifiée de sauvage – ou primitive – parce que la culture n'y était pas et, pour les derniers vestiges en voie de disparition, n'y est toujours pas civilisée. Et pourquoi donc ? Parce que, pour nous, par définition, une société s'engage dans le processus de civilisation dès le moment où l'échange de biens-ressources vitales se généralise. Or la nature humaine, aux phases initiales de son évolution, a pratiqué l'échange à la frontière de ses groupes (clans, tribus, etc.) constitutifs. On le sait depuis Marcel Mauss. L'échange économique, lui, est un rapport qui, à la différence du rapport don/contre-don, ne fait pas l'objet d'une dénégation nécessaire à son fonctionnement. Il s'inscrit dans une histoire qui est celle de l'instauration d'une double circulation intra- et inter-groupe. Par-là, cette histoire se confond avec celle de la civilisation dans la mesure où elle rend possible la formation de surplus accumulés en poches de biens nécessaires aussitôt appropriés par de nouvelles catégories sociales se différenciant tout au long d'une histoire dont une des périodes terminales voit apparaître celle des historiens professionnels précédant de peu celle des économistes de même qualification. Mais avant l'éclosion des classes d'experts-spécialistes de la civilisation technoscientifique mondialisée, diverses époques se sont succédé dont le souvenir se perpétue en partie grâce aux monuments parsemant le chemin de l'Histoire et témoignant d'une gloire passée. La trace d'une société guerrière se manifestera par une gigantesque muraille, celle d'une société religieuse par des pyramides visibles des kilomètres à la ronde, celle de cités marchandes maritimes par des temples et des statues d'un classicisme achevé, celle des sociétés mystiques par des cathédrales défiant la pesanteur, etc. La trace ultime, celle de la société industrielle, se caractérise par l'empreinte dont elle marque le paysage, devenu – à perte de vue – étendue de corons, cheminées, aciéries, mornes banlieues. On peut donc dire que l'Histoire devient science en se défaisant de ses oripeaux d'historiographie ou de branche mineure de la philosophie, dès lors que la civilisation devient paysage en elle-même et non plus monuments pittoresques, aujourd'hui curiosités régionales que relient les unes aux autres des circuits touristiques.

L'âge historique des experts-historiens et -économistes, comme indépassable horizon

Il faudrait, à vrai dire, préciser que cet âge est également celui des sociologues et des politologues. Aussi bien est-ce tout le champ des sciences humaines qui se trouve aujourd'hui entravé par le carcan d'une épistémè générale. Celle-ci postule fondamentalement la finitude de la production des biens quantifiés par leur valeur économique. La problématique des ressources nécessaires à la survie de l'Humanité, dans la mesure où elle a été l'objet d'un processus de différenciation, a été envisagée d'un nombre de points de vue croissant. Et c'est précisément cet essor qui constitue la trame de l'histoire congénitale à l'âge dont le déclin est, selon nous, à la fois irrémédiable et impensable. Pourquoi cette impasse ? Parce que si un nouvel âge doit succéder à l'ancien par la voie d'une rupture irréversible, alors celui qui suivra sera anhistorique, en ce sens que le nouveau déroulement des événements s'opérera dans une logique encore inconcevable. L'analogie avec ce qui se prépare en sciences de la nature où l'idée d'une dématérialisation de la matière tend à être assumée comme vue de l'esprit de phénomènes spirituels parce que purement informationnelle peut aider à nous le faire comprendre. Il faut en effet bien admettre que cette annonce qui a court dans le monde des sciences dures, n'est pas moins dure à avaler que celle de l'avènement d'une nouvelle histoire qui dévierait de la ligne temporelle suivie par l'ancienne et qui de ce fait franchirait l'horizon de l'ordre des choses reconnu jusqu'ici comme universel. Mais comment cela se peut-il ?

Se pourrait-il que l'interprétation du monde arrive à le changer en se changeant elle-même ?

Je réponds oui à cette question, car ce sera le nouveau champ de possibles qu'ouvrira le nouvel âge historique vers lequel nous transitons... à reculons. Je l'affirme – en rendant à Marx (Karl) ce qui lui revient – parce que l'anticipation de ce vers quoi tend ce passage historique restera longtemps bloquée. Est en cause le déni viscéral des répercussions en chaîne qu'entraîne une rupture technoscientifique certes superficiellement reconnue mais dont l'interprétation en profondeur reste, à ce jour, strictement censurée. En ce sens, lever cette censure vaudrait au monde un changement essentiel de l'ordre actuel des choses. Le renversement de l'épistémè qui fonde le système d'idéologies au nom desquelles sont engagées les actions sur le monde aurait pour inévitable conséquence de transformer l'équilibre relatif de leurs rapports en un affrontement chaotique conflictuel de forces non intentionnelles. C'est en fait le monde actuel qui est chaotique en raison de l'interdit qui frappe son décryptage et ce serait l'abolition du tabou dont ce dernier est l'objet qui réintroduirait un nouvel ordre garant de l'engagement de l'humanité dans une voie évolutive non catastrophique. Aussi est-ce avec un pessimisme lucide, que je me propose d'exposer ma manière de voir de ce que l'avenir nous réserve de peu réjouissant, du fait de son advenue à l'insu de tous.

La première pierre à soulever puis déplacer, pour éviter que le développement de l'analyse ici déployée ne s'y achoppe au départ

Ce qui est requis, c'est l'abandon d'une certitude. Mais la requête est vaine, car la conviction visée est bien trop profondément ancrée. Elle se situe au-delà du principe de falsification dont Popper (Karl, également) faisait le propre de la réfutation scientifique. Aussi et malgré tout, vais-je au-devant d'une fin de non-recevoir. Toutefois et à des fins de confort d'esprit, je pourrai l'utiliser comme preuve du bien-fondé des conclusions sur lesquelles je présume faire aboutir l'analyse initiée dans le présent paragraphe. En conséquence je ne demanderai pas au lecteur de me suivre sur une pétition de principe, parce que ce faisant il serait obligé de me reconnaître comme foyer autonome de réflexivité amené, tel un blogueur solitaire, à se parler à lui-même.

J'avance donc, prêchant dans le désert, que l'épistémè que je tiens précisément pour dévaluer, a pour pierre angulaire la thèse de la primauté du besoin vital. Son inadéquation au réel signe la fin de l'âge historico-critique. Cette thèse s'avère en effet totalement hors de propos pour décrypter l'horreur contemporaine de la sous- et malnutrition, armes de destruction massive soutient Jean Ziegler, tout comme elle échoue à rendre compte de l'insupportable scandale de ce chômage endémique et persistant sur fond de financiarisation planétaire. L'exclusion sociale est source désormais de moins-value économique. Cependant cette manière de dire le mal est aussitôt happée par le trou noir de l'antimatière, qui la rend aussi bien invisible qu'inconnaissable. Une fois déjà j'ai expérimenté l'ultra vicieuse dérobade. Ce fut en enregistrant l'absence totale de réaction à l'énoncé de mes idées sur la fin de l'âge que j'ai nommé historico-économique, faute de pouvoir dire avec Francis Fukuyama qu'il est celui du capitalisme triomphant. M'en a donné l'occasion, en 2012, l'auto-publication aux Editions Bookelis – collection Copernic –, d'un petit livre intitulé « Lettre à Yves Velan, suivi d'Une impensable fêlure ». Je réitère l'expérience maintenant par un second essai et dans une forme moins personnelle que celle de mise dans une relation épistolaire.

Quelle notion va alors prendre le pas sur celle de besoin vital de biens économiques dotés d'une valeur monétaire ?

S'engager sur la voie d'une réflexion formulée par écrit en vue de donner une réponse à cette question, c'est choisir une posture prédicative contradictoire. C'est opter d'avance pour une navigation à vent debout en s'arc-boutant pour dire un indicible toujours plus indicible au fur et à mesure qu'il est dit et avec plus de précision. Cet indicible est celui d'un univers nouveau en gestation parce qu'il est confirmé dans son être par l'acte même de le décrire, tout en étant simultanément rendu indescriptible par cet acte parce que l'évidence de la réalité du devenir annoncé est trop irréfutable qu'elle aveugle et anéantit *ex nihilo* le projet d'argumenter son néant. Mais quelle réaction suscite-t-on si l'on affirme péremptoirement que désormais le besoin d'un objet matériel vital a cédé sa place à l'appétence pour une recognition, forme immatérielle cloisonnée dans l'ordre du symbolique, c'est-à-dire dans un ordre qui n'est plus celui de la valeur marchande, mais celui de la valeur de sens ? En poursuivant dans la logique de la descente dans un puits donnant accès à un monde fantastique, un monde onirique carrollien, on peut affirmer crânement que la réaction attendue sera nulle parce qu'elle serait imperceptible, comme le seraient les appels au secours d'un vaisseau spatial habité s'enfonçant dans le cosmos, privé de tout contact radio avec sa planète originaire.

Comment éviter que ne débouche sur la confusion, l'analyse du champ des notions attachées à celle d'appétence pour la recognition

Le renversement de la notion de besoin par celle d'appétence est une opération à reproduire dans la suite des domaines adjacents sans qu'on puisse dire si le renversement analogue induit est consécutif du premier ou, inversement, si celui-ci l'est du second. Mais il s'agit au préalable de poser la notion renversée comme une pièce de domino au milieu d'une file d'autres couchées en ligne et subsistant comme formes dominées. Elle ne disparaît pas, elle ne fait qu'échanger sa position relative avec celle de la notion qui la remplace.

L'ordre social dominé non plus par le besoin économique mais par l'appétence pour la recognition est à concevoir à travers les articulations de la nouvelle épistémè qui lui est corrélative. Dans l'âge post-économique à la prophétie duquel nous prétendons, le processus de production – force et rapport – passe la main à celui de diffusion et d'imposition de significations. La société post-industrielle est une société de haute- et nano-technologie. Ce changement, cette mutation, provoque un chamboulement profond de l'ancienne épistémè de l'âge économique, aujourd'hui obsolète.

L'installation dans l'âge post-économique implique un aménagement conceptuel analogue à celui que commande l'installation dans de nouveaux locaux. La principale transformation à concevoir d'abord, à opérer ensuite, concerne l'empilement des niveaux d'abstraction. Cette mise en chantier à partir des fondations jusqu'aux tuiles, est manifeste dans les écrits de Lénine et Mao Tsé Toung qui ont chacun consacré un ouvrage spécifique aux deux schèmes basiques et les plus abstraits de leur doctrine : celui de la dialectique et celui de la contradiction. Le passage actuel à l'âge nouveau commande de reconsidérer les hiérarchisations conceptuelles et catégorielles anciennes. Par là est pointée une tâche que l'état présent fossilisé de l'arsenal sémantique à disposition rend quasi impossible à réaliser. Qualifier déjà la nouvelle ère qui s'annonce de post-industrielle, c'est sacrifier à la facilité consistant à admettre comme allant de soi que mines, aciéries et hauts fourneaux ont disparu, que les alignements de forons ont laissé la place aux Silicon Valleys. Quels appareils y sont mis au point, puis offerts au grand public pour stimuler cette appétence pour la recognition soufflant le vent neigeux des besoins d'antan ? L'explosion de ces appareils, l'inflation galopante de leur productivité rend impérative l'élaboration d'une nouvelle configuration notionnelle qui rende évidente la prédominance de la notion d'appétence sur celle de besoin.

La recomposition nécessaire évoquée ci-dessus, exige que soient réfléchis les processus de l'information désormais en position prédominante par rapport à ceux de l'économie, et que soient délimités les uns par rapport aux autres, leurs différents domaines d'effectuation. Pour énumérer d'abord ces différents domaines et les sérier dans une optique déterministe traditionnelle, nous distinguerons une première catégorie de base de ces processus. Elle concerne l'infrastructure économique, le niveau de la production des moyens de production. Le machinisme industriel est soumis, du fait des progrès hyperboliques de la cybernétique, à un régime accéléré de révolution permanente. Le second domaine à envisager ensuite a trait à la direction de la production dont la robotisation décuple l'efficience. Ce domaine renvoie à un éventail d'activités tertiaires allant de la comptabilité la plus triviale à la finance la plus sophistiquée devenue, de ce fait, une industrie autonomisée par rapport aux ressources monétaires qu'elle est censée mettre à la disposition des acteurs du terrain qui en ressentent le besoin pour entreprendre. Quant au troisième domaine, celui de l'orientation de la production, il touche aux interventions de prospection, de création et d'accroissement des besoins à la base de la demande de biens marchands offerts dans le cadre des circuits de distribution. Les activités de réclame ou publicité mobilisées à cet effet bénéficient des progrès immenses réalisés dans l'appareillage de communication qui se diversifie, se complexifie et tend à disposer d'un pouvoir de persuasion sans limite.

Les processus d'information à l'œuvre dans ce que la tradition – toujours déterministe – désigne du terme d'infrastructure restent jusqu'à ce jour fort peu pensés. Aussi les efforts déployés pour parvenir à les comprendre, restent-ils empreints d'idéologie au plus profond de leur substantifique moelle. En conséquence, aucun discours ne s'élève au-dessus de la mêlée pour recueillir l'appui d'un mouvement social en mesure de redistribuer les cartes et aussi de contrer la domination des actuels meneurs du jeu libéral.

Pour procéder à la mise à jour dédaignée par l'*establishment*, nous reprendrons, dans les prochains paragraphes, chacun des trois principaux domaines d'effectuation des processus d'information.

L'information dans le machinisme industriel

L'apparition historique de la notion d'industrie est contemporaine de celle de machine. Cette innovation date de la seconde moitié du XIXème siècle. Auparavant domine le schème de structure utilitaro-instrumentale par laquelle étaient unis par une relation d'implication réciproque, une classe d'outils et une classe d'opérations. Le niveau de complexité informationnelle était égal à celui du langage articulé élémentaire où une classe de sens est en relation de correspondance réciproque avec une classe de sons.

Dès l'intervention de la machine, les opérations qui lui sont corrélées se sous-catégorisent en une classe d'opérations de fabrication de pièces détachées qui sont montées elles-mêmes en machines exécutant les opérations de la seconde catégorie, *i.e.* celles par lesquelles sont produits les biens de consommation et autres analogues. La conception de ces deux niveaux opératoires opposés est d'ordre informationnel et suppose l'intervention de diverses dissociations telles que :

- énergie *vs* matière première ;
- transformation et séparation des divers matériaux issus de l'extraction minière *vs* fonte et usinage de ceux qui sont ferreux, rendu possible parce qu'ils se présentent sous une forme simple tels que poutre métallique, lingot, tiges laminables à haute température, etc.

Ce stade suprême de l'*informationalisation* du machinisme industriel suppose celle progressive de la machine à usiner s'inscrivant dans un mouvement d'accumulation des savoirs et connaissances nécessaires à concevoir puis à élaborer les processus constitutifs de la première machine à usiner. Cette étape préalable est seule à rendre possible la séquence ultérieure de mise au point de ses descendantes au départ de la généalogie mécanique destinée à occuper l'espace des seules formes d'existence que la société industrielle ne destine pas à finir au compost de l'histoire.

Cette évolution, que l'on peut également assimiler à l'extension d'une endémie (avec son cas alpha), s'inscrit dans un devenir dont il est encore intrépide de prévoir l'enfilade des ruptures à venir. La formulation du problème subsiste donc : comment détailler les étapes passées successives filant le passage de la production manufacturière, avec des machines à tisser de première génération à celle d'un niveau d'automatisation supérieure. La première nécessitait le recours à des enfants seuls d'assez petite taille pour se faufiler parmi le dédale des bras et rails mouvant les navettes, afin de remplacer les vides, renouer leur fil.

La seconde utilisant moins de travail humain, pouvait donc faire plus grande part à une main d'œuvre adulte d'un niveau de qualification professionnelle – et donc de rentabilité – plus élevé.

Pour le Lévi-Strauss de *Tristes Tropiques,* le machinisme industriel serait une culture vieille de 3000 ans, née sur les bords du fleuve *Indus*, qui se serait ensuite étendue en Extrême-Orient. On la retrouve plus tard dans l'Ancien Monde d'où elle passe dans le Nouveau pour y atteindre son apogée et gagner les terres outre-pacifiques de manière, dit Lévi-Strauss, à boucler la boucle en étouffant le Japon sous la chape de plomb du capitalisme (Max Weber).

L'idée d'un industrialisme sans capital, donc sans machinisme, peut être mise en parallèle avec celle de François Châtelet qui a construit une théorie des débuts de l'Histoire sans historiens-experts professionnels. De là il est tentant de souscrire à l'idée que le machinisme résulte de l'infiltration, en quelque sorte, par l'information des mécanismes de la production industrielle, l'extension de cette dernière impliquant, à titre de facteur surdéterminant, la prise en main de sa direction, de son *management* par une classe de professionnels spécialistes omnipotents.

L'information dans la direction et l'orientation de la production industrielle

Cette question peut être repensée à la lumière de ce qui a été proposé plus haut concernant le passage évolutif de l'outil à la machine en l'appliquant à celui de l'atelier à l'usine.

La complexification du fonctionnement mécanique impose que soit introduite, avec la notion d'usine, celle d'un fonctionnement humain qui rende perceptible sa dimension intrinsèque dynamique d'un changement technologique révolutionnaire permanent. L'usine devient le lieu d'une aventure humaine conflictuelle, celui d'une entreprise incompatible avec toute soumission à l'autorité de la tradition. Là encore, la rupture est rendue possible par l'introduction de l'information dans les processus de transmission des savoirs et des pouvoirs.

Le processus de complexification mécanique qui a présidé à l'institutionnalisation de l'univers entrepreneurial, doit être mis en miroir avec un processus formellement analogue mais profondément distinct quant à son champ opératoire. L'usine en effet, comme aventure humaine, résulte de la structuration et de l'ajustement dynamiques d'un corpus de compétences qui s'articulent et s'intègrent en un schéma d'une diversité fonctionnelle croissante. La prise en considération pionnière hypothétique d'un achèvement de l'ère économique, ouvre des perspectives inédites sur la part du facteur informationnel en voie de domination, dans l'analyse et l'explication des mécanismes intimes du fonctionnement de ce golem que désigne pudiquement la notion moderne de système d'enseignement. Peu de spécialistes de la question devenue critique aujourd'hui s'interrogent sur ses origines.

Le passage fondateur à considérer ici, est celui d'une transmission « formationnelle » linéaire, unidimensionnelle à une circulation de contenus culturels interconnectés en réseaux dans une logique non linéaire, multidimensionnelle. L'état initial est caractéristique des rites d'initiation à des croyances magiques fondant les affrontements entre prêtres et prophètes pour le monopole du pouvoir légitime d'imposer les tenants et aboutissants de sa foi. Et le pas irréversible hors de cette phase originaire est franchi dès le moment où émergent les religions monothéistes et leur système politique corrélatif, *i.e.* la monarchie théocratique.

Dès lors s'ouvre une voie qui débouche sur l'établissement d'un lien entre transmission des instruments symboliques du pouvoir séculier et mode de production économique. C'est ainsi que Freud délivre son ultime contribution à la psychanalyse comme science, dans ces trois textes décisifs consacrés à l'homme Moïse de chair et d'os, à l'Egyptien et au fondateur de la religion monothéiste. En quoi les manipulations constitutives de l'incarnation divine (le Dieu dit vivant pour pouvoir être adoré caché) sont à considérer comme propédeutique de l'instauration de ce droit divin de légiférer sur la reconnaissance indiscutable de *l'autorité* de l'absolutisme monarchique. Celui-ci correspond à une nécessité socio-économique d'un arbitrage entre deux classes concurrentes parce qu'elles reflètent l'ambivalence d'un mode de production pris dans les tiraillements entre la maîtrise de l'exploitation du sol et sa forme d'appropriation héritée de l'époque féodale et l'enrichissement des populations urbaines contrôlant la production et la commercialisation des biens artisanaux ainsi que les services garants de la fluidité de leur circulation. Seulement l'institution d'un pouvoir central dont la légitimité arbitrale s'impose parce qu'il a pour seule raison celle d'un Etat incarné en une seule personne souveraine, repose toute entière sur une autre l'institution de second plan, mineure, mais néanmoins hautement stratégique. De cette dernière dépend en effet la continuité du pouvoir instauré par la première, parce que c'est une personne unique qui, à la différence d'un parti, est mortelle. A ce titre, elle doit, parce que c'est son destin, se soumettre à des lois de succession dynastique. Et la première d'entre elles est qu'il n'y ait qu'un seul dauphin à la fois. D'où l'importance capitale du soin consacré à son éducation. Ainsi Bossuet pouvait se lamenter de la médiocrité de la personne du fils aîné de Louis XIV. Il ne pouvait rien y faire. A tous ses examens son élève restera seul candidat et seul reçu. A la mort de son père il montera sur le trône par la grâce non pas d'un don divin à bien gouverner, mais par celle d'une éducation exclusive ayant pour fin de faire du prince un roi. L'alchimie de l'opération heureuse aura tenu à l'excellence d'un précepteur dévoué à la perpétuation sans heurt d'une lignée de despotes habiles à faire confondre la satisfaction de leurs bons plaisirs, avec celle des besoins élémentaires de leurs sujets. Simultanément au perfectionnement de la pédagogie conçue comme haute couture pour un client unique, s'est développé un prêt-à-porter obtenu de l'usage d'une pédagogie à la chaîne grâce à laquelle la bourgeoisie put accéder collectivement à un rang social analogue à celui auquel la naissance faisait accéder sans diplôme les aristos terriens séculaires. En France, les pionniers de cette nouvelle filière d'accès aux positions de domination politiques et économiques, furent les Jésuites. Leurs collèges bénéficièrent des fonds puisés non seulement dans des caisses ecclésiastiques mais aussi dans celle du trésor royal. Ce point est capital pour saisir le rôle fondateur des méthodes d'initiation individuelle au pouvoir absolu dans la genèse de l'éducation collective au pouvoir à plusieurs, c'est-à-dire à la domination de classe : les enseignants jésuites ont fait assimiler par leurs élèves cette dose de machiavélisme essentielle au savoir-gouverner du prince déterminé à régner.

L'éducation « à la pièce » du monarque absolu comportait donc, à son stade ultime, une initiation à la *real Politik, i.e.* à la pratique du pouvoir conceptualisée par

Machiavel. Cette pédagogie du Prince a déteint – c'était inéluctable – sur l'éducation « à la chaîne » par laquelle la Compagnie de Jésus a légitimé la prise progressive du pouvoir par la bourgeoisie. Par-là, la composante théologique de l'enseignement prodigué par les Pères-Professeurs, a cédé le pas à une composante scientifique, matérialiste garante d'un savoir opérationnel dont l'efficience terrestre était plus facile à établir que celle de du savoir théologique qui était, elle, de nature céleste.

A cet embranchement de l'évolution culturelle à la base de l'ascension de la bourgeoisie qui, à ce stade historique, se forgeait sa force d'intervention politique, allait bientôt succéder trois autres :

1) Celui par lequel se cristallisera par le jeu de leur interaction, le domaine de la science pure et celui de la compétence professionnelle acquise non plus sur le tas – comme ce fut le cas jusqu'à la Renaissance dans les guildes corporatives – mais dans le cadre d'une transmission scolaire à degrés progressifs planifiés.

2) Le second embranchement évolutif est constitué par l'émergence d'une formation de compromis entre les deux formes évolutives dissociées durant la phase précédente. Il est question ici de la branche de la technique sans laquelle serait inconcevable la fonction structurante de l'information dans la direction de la production industrielle. La fondation achevée de la technique comme monde caractéristique d'une ère – ou société – nouvelle, est nécessaire à l'éclosion de la phase suivante.

3) C'est du troisième et dernier embranchement annoncé qu'il s'agit. Il va se caractériser par la différenciation

de deux figures constituées éminentes de l'organisation entrepreneuriale, à savoir celle de l'ingénieur diplômé d'une école polytechnique et celle du contremaître issu d'une filière moins prestigieuse et de ce fait moins connue, mais dont la remarquable étude que Claude Grignon lui a consacrée[1] contribue à mieux comprendre la fonction.

Au terme de cette genèse approchée du système éducatif, pièce fondamentale du fonctionnement du capitalisme, plus exactement indispensable à son avènement comme système économique producteur industriel de valeurs, se constitue un dispositif informationnel générateur de marchandises destinées à s'insérer dans la circulation informationnelle au cœur du processus opérationnel mécanique qui dirige l'orchestre des machines d'une même entreprise, d'un même *concern*. Et c'est dans ce cadre-là que s'élaborent les produits aux différentes phases de leur gestation comme produits industriels destinés au marché, mais où parallèlement se hiérarchisent les différentes qualités du travail humain participant à l'aventure créatrice de richesses. Il en résultera une distribution des rôles et des fonctions sur une échelle au bas de laquelle figureront les formes les plus élémentaires – dites les plus simples parce qu'elles correspondent aux salaires les plus bas. Corrélativement, se trouveront aux échelons les plus élevés les formes les plus complexes actives dans les tâches les plus « responsables », à savoir l'administration, l'encadrement, mais aussi la recherche scientifique, technique. Cette

[1] Grignon, C., 1971, *L'ordre des choses - Les fonctions sociales de l'enseignement technique,* Minuit, Paris

complémentarité d'une information dans la sphère des opérations mécanique et de celle présente également dans le domaine de la formation – par l'éducation – des capacités productives, va se révéler d'une force créatrice telle que la position initialement dominante de l'économie, va se voir occupée par quelque chose d'autre, d'encore innomé parce qu'encore impensable.

Cet innomé, c'est une réalité moult fois désignée dans ce qui précède, sous le terme d'information. Toutefois dans l'âge historique succédant à celui de l'économie, ce même terme va être appelé à recouvrir quelque chose de si différent, que l'on pourrait être tenté de recourir à un néologisme pour parvenir à se désembourber des vases de l'innomé, de l'impensable. Une telle démarche, hélas, ne serait guère plus heureuse que celle qui aboutit à dire le nouvel état du monde avec les mêmes mots que ceux utilisés pour l'ancien, d'autant que l'information investit le *quoi* de la production industrielle d'une manière encore plus massive qu'elle ne le fait de son *comment*. L'orientation de ce qui est produit permet, en effet, de prévenir le débordement des besoins censés être satisfaits. Dès lors la question n'est plus de savoir comment produire industriellement, mais comment produire, de manière analogue, le besoin d'un flot grossissant d'objets bientôt impossibles à écouler et qui, de ce fait, inondent tout le réseau des échanges rendu impraticable par un embouteillage universel.

Dans ce secteur de la distribution – grande et petite –, les néologismes n'ont pas fait défaut. L'efflorescence sémantique s'est répandue sur la base d'un phénomène bassement trivial, à savoir celui qui résulte du fait que l'usage, l'utilité d'un produit ne se découvre que très rarement par la grâce de son observation la plus neutre et la mieux intentionnée soit-elle. Tout équipement ménager, pour servir à quelque chose, nécessite un mode d'emploi. Sur cette base fut élaboré tout un corpus de messages qui ne se contentent plus de signaler ce que permet d'effectuer un produit donné, mais qui en vantent les mérites ou qui soulignent les gains symboliques garantis à celui qui se l'approprie. L'exemple primaire de ce genre d'invite pressante à consommer est celui du défilement des trois groupes de lettres peintes en caractères géants dans les tunnels du métro parisien. Leur répétition séquentielle intimait aux usagers transportés par rames bruyantes, que l'unique apéro qu'ils devaient commander au retour du travail, c'était DUBO, DUBON, DUBONNET. Un bourrage de crâne de cette espèce fait remonter dans le passé. Son usage a par la suite évolué sur deux branches divergentes mais étroitement complémentaires. Il s'agit de la *publicité* indissociable du *marketing*. L'une et l'autre sont des néologismes parce qu'elles furent vouées à prendre un essor croissant à une vitesse accélérée. Ce dernier aspect d'emballement est à l'origine de la mutation essentielle ayant frappé à ses aurores le champ opératoire de ce que l'on pourrait appréhender naïvement sous le vocable d'information.

Pour prendre un peu de recul par rapport à un paradigme obsolète aujourd'hui mais adéquat à une époque où l'information relevait d'un journalisme incapable de concevoir son domaine au-delà de la ligne d'horizon délimitant ce qui n'est plus, depuis belle lurette, nommé *actualités*. Aussi convient-il de considérer avec attention le fait que la rubrique « Monde » dans la presse écrite, tout comme dans les journaux télévisés, traite d'évènements toujours plus nombreux par rapport à ceux des pages locales, régionales, toujours plus éloignés et, paradoxalement, toujours plus reliés entre eux. Ceci dit pour rendre évident qu'une des caractéristiques toujours plus marquantes de la publicité c'est de tendre à être planétaire. D'où également le fait que son indéfectible complément, le marketing, fait refluer sur le producteur industriel toujours plus de données récoltées pour mieux ajuster les messages d'incitation du consommateur à consommer.

Le phénomène de propagation et d'extension finalement foudroyante de ce que Marx fut le premier à nommer expansion universelle de la catégorie de marchandise, a été dès le départ scandé en trois périodes successives, à savoir en premier celle qui vient d'être évoquée concernant l'information des consommateurs. Lui succède, sans échappatoire possible, un reflux violent sous la forme d'une introduction forcée des schèmes de la production industrielle dans l'arsenal des moyens (média) de transmission et diffusion massive de l'information. Il va s'en suivre une scission, dans l'univers machinique dont nous avons relevé plus haut son état de révolution permanente, entre robotisation des chaînes de montage des biens matériels et celle de l'assemblage minutieux des biens immatériels, ou quasi tels (les circuits imprimés). Et ce sera au troisième temps de la scansion qui rythme la singularisation des diverses sphères productives, que celles-ci se dégageront du magma originaire source de leur indistinction, et que leur synergie désormais effective pourra les propulser sur la voie d'une croissance circulaire hyperbolique.

L'immense paradoxe de la situation actuelle devient alors scandale, parce qu'intervient un renversement complet dans l'ordre du capitalisme industriel séculaire, conçu pour durer mille ans. Le renversement en question s'avère au plus haut point renversant (même la fameuse série de superlatifs égrenés par Madame de Sévigné dans sa lettre du 15 décembre 1670 que tout le monde connaît ne suffirait pas à le qualifier), il intervient dans une atmosphère de *fog* s'infiltrant partout. Seule l'idée d'une vague catastrophe écologique signant la fin des temps, donne le change à l'angoisse d'esprits dans un état de confusion avancée et qui s'aveuglent sur leur propre aveuglement en accordant crédit aux prêches alarmistes des faux prophètes.

Les premiers pas de l'entrée dans le nouvel âge

Ces premiers pas seront posés, plus que jamais, l'un après l'autre. La vision du passé contraignant à toujours considérer l'information comme un facteur auxiliaire censé aider à tenir le cap, mais n'intervenant en aucun cas dans la marche du moteur impulsant l'avancement vers le futur, persistera encore longtemps. Le dogme selon lequel il n'est d'énergie que de source matérielle restera de même intangible. Tout comme le capitalisme a triomphé au terme d'une phase d'accumulation primitive, l'information ne s'est répandue en profondeur qu'à la suite d'une période au cours de laquelle s'est constituée une masse de connexions immatérielles dont l'action finalement indéniable finira par créer un nouvel état de fait dont l'horreur résultera du fait qu'il sera irréversible.

Cette horreur existe, on ne peut plus en parler au conditionnel. Elle doit être affrontée de face. Et cela prendra du temps, celui nécessaire à se forger un instrument de connaissance pour affronter l'inconnu, en l'occurrence, l'univers de forces dites immatérielles parce que véhiculées à travers des variations de courants faibles. Les sciences économiques échouent dans cette tâche visant à élucider les règles de ces jeux qui, précisément, ne se paient que de mots. Ceux de John Von Neumann se refusent à être sans enjeux, leurs sommes nulles résultent d'équivalence de gains et pertes tangibles, concrets. Conscient de ma témérité, j'avance donc que fait défaut une nouvelle discipline scientifique, en rupture avec celle développée au XIXème siècle par Adam Smith, comme l'est la mécanique quantique avec celle inaugurée par les découvertes d'Isaac Newton. Elle doit être une nouvelle économie qui n'opère plus sur des valeurs susceptibles de s'exprimer en quantas sonnants et trébuchants, mais qui prend en considération des relations logiques entre des objets distribués sur des échelles non pas d'intervalles mais nominales. Les valeurs de ce nouvel ordre des choses, leurs rapports d'équivalence ou de différence, nous avons jusqu'ici proposé de les qualifier d'informationnelles. Mais ce recours simplificateur à la notion floue d'information doit être désormais remplacé par un autre cadre sémantique encore à créer. S'impose alors impérativement qu'un saut dans l'inconnu est nécessaire, celui représenté par l'aventureuse invention d'une nouvelle vision du monde qui rende possible la rupture épistémologique fondatrice d'une nouvelle discipline scientifique.

Le subterfuge provisoire du néologisme

Un chapitre entier ne sera pas de trop pour exposer l'intérêt à nommer d'un terme exprès la nouvelle discipline que je préconise, pour ensuite circonvenir la tâche censée lui incomber. La science des phénomènes informationnels subit comme un appel d'air la profusion industrielle de ceux-ci. Se trouve alors relégué au second plan tout ce qui gravite, à titre d'activité pratique mais aussi de mobilisation théorique, autour de la catégorie de marchandise.

L'objet de la nouvelle science à créer et dont, pour l'heure, je suis l'unique autorité légitime et donc habilitée à l'instituer, n'est de nature économique que du seul fait des moyens techniques qu'aujourd'hui elle utilise et qui sont produits industriellement. Ces moyens, ou instruments, ont une valeur économique intrinsèque ; par contre, le motif de leur usage ne l'est pas, il correspond à une pratique d'échange de sens, puisque celle-ci s'inscrit dans la sphère de l'information. Divers processus bifaciaux sont alors convoqués. Il s'agit :

- de l'émission / réception ;
- de l'encodage / décodage ;
- de l'emploi de signes/indices, chacun de ceux-ci étant décomposables en signifiant/signifié et indiquant/ indiqué.

Ce qui distingue ce troisième processus bifacial informationnel, c'est la relation logique qui unit chacun de leurs deux composants. Dans un cas, celui du signe, cette relation est d'implication entre le signifiant-texte et le signifié-référant. Dans le cas de l'indice, la relation est symétrique, il s'agit d'une implication biunivoque. Le signe émane d'un sujet-émetteur qui veut communique et qui, pour ce faire, encode un message. Le récepteur de celui-ci décode le son transmis, pour pouvoir l'interpréter. Cela est rendu possible parce qu'est reconnu le conatus informationnel de l'acte sémique de l'émetteur fondé comme acte de communication. Par contre dans le cas de l'indice, le degré de liberté est nul. Il ne procède en aucune façon d'une dialectique sujet-objet. L'information indicielle se cantonne dans l'ordre des choses. Une science fonctionne toute entière sur cette séparation nette entre signe et indice. Il s'agit de la sémiologie qui analyse les mécanismes de la communication et ceux de l'indication – ou signification –, en prenant grand soin de ne jamais les confondre. Par là elle reste proche des phénomènes de langage qu'elle aborde dans une perspective psychologisante. Ce qui lui permet d'étendre son approche au domaine de la fonction symbolique considérée comme notion-clé par la psychanalyse.

Aussi, tout ce que nous avons développé précédemment sur la supplantation de l'économique par l'informationnel, impose de dédoubler le strict point de vue sémiologique qui s'en tient à l'aspect technique de la production des signes, sans aborder leur aspect que nous devons encore qualifier, par analogie, d'économique. Pour ce faire et pallier l'insuffisance des recherches sur les bouleversements introduits par l'explosion des échanges et de la circulation des valeurs de sens suite à l'industrialisation de leur production, nous proposons de nommer *sémionomie* cette science que nous appelons à corps et à cris pour nous soustraire aux pleins pouvoirs idéologiques croisés accordés par les tenants despotiques de l'immobilisme ambiant, à l'économisme et au psychologisme.

Quelles analyses sont possibles à la sémionomie et impossibles à l'économie et à la sémiologie ?

Sont inaccessibles à l'économie, la compréhension des opérations sur les valeurs de sens, ou symboliques. Celles-ci ne sont pas qu'immatérielles et s'en tenir à leur dimension informationnelle est insuffisant. Ces valeurs sont enjeu dans un rapport de force précisément sémionomique parce que de la résolution des affrontements engagés dépend l'organisation des positions relatives dans un espace à la fois social et sémionomique. Le système positionnel ainsi constitué fait de l'espace d'où il émerge, un champ spécifique dont la prégnance prendra le pas sur celle de l'ancien système propre au monde où dominait le réel économique. Le nouveau système l'a renversé parce qu'il a été porté par la vague de l'informationnel devenu, de ce fait, agent dynamique principal de l'avènement d'un nouvel ordre des choses.

Corollairement, dépasse l'objet de la sémiologie les processus de création de valeurs de sens, de communication/indication par le truchement d'opérations non pas de dénotation, mais de connotation au fondement de l'assomption/assignation d'une position dans le champ social dont la dimension sémionomique a pris le pas sur l'économique. Enfin, la science encore embryonnaire que nous préconisons fera des phénomènes de capital symbolique des phénomènes non pas complémentaires à ceux de capital économique – ainsi que les conçoit Pierre Bourdieu –, mais des phénomènes qui supplantent ceux-ci.

C'est du moins ce que sera censée établir l'analyse de leur accumulation primitive d'abord, puis extensive ensuite, sous la forme de quantas appropriés de valeurs distinctives ou de notoriété.

Dans ce qui va suivre, nous reprendrons les différentes caractéristiques énumérées ci-dessus de l'objet de la science sémionomique, pour préciser encore plus ce qui les distingue de celles des objets respectifs de l'économie et de la sémiologie.

Les caractéristiques de l'objet de la science sémionomique

Karl Marx, dans son article sur la méthode en science économique, indique que c'est la hiérarchie des catégories abstraites telle qu'elle trouve sa réalisation dans la société bourgeoise, qui doit servir de référence à la définition des concepts fondamentaux de cette science.

Si l'on vise maintenant à mettre à jour un principe méthodologique conçu par rapport à un état historique contemporain des forces productives, il faut recouvrir les notions de monnaie, capital, travail salarié, etc., par tout un réseau de nouvelles catégories abstraites. Celles-ci doivent entériner le renversement de l'ordre économique ancien par un nouvel ordre que nous avons qualifié – à nos risques et périls – de sémionomique, où dominent les processus de création et circulation des valeurs de sens.

Nous rappelons que ce qui a provoqué ce renversement, c'est l'émergence d'une haute technologie faisant exploser les capacités de production industrielle des contenus informationnels à tous les niveaux. Ceux-ci sont aussi bien machiniques, avec l'invasion des usines par les mécanismes cybernétiques au fondement de leur robotisation, qu'idéologiques, avec l'autonomisation d'un champ sémionomique résultant de la constitution d'un univers de positions dont le fondement économique passe au second plan. Ces positions structurent, en effet, la circulation des valeurs informationnelles constitutives de tout capital séminomique de distinction ou de notoriété.

Il conviendra donc de construire l'objet de la science sémionomique sur la base des notions abstraites en cours les plus récentes parce qu'elles synthétisent les ultimes métamorphoses de la société bourgeoise. Celles-ci ont abouti aujourd'hui à déconstruire le cadre conceptuel minutieusement mis au point par le Marx de la maturité et adéquat pour un état des forces productives à une étape déterminée de l'évolution passée de l'industrialisation.

L'état actuel des forces productives est caractérisé par une domination de la haute technologie qui s'impose *urbi et orbi* par la numérisation galopante des rapports d'émission-réception des valeurs sémionomiques immatérielles. Par conséquent, il s'impose urgemment de délimiter un cadre conceptuel susceptible de remplacer avec profit l'ancien qui s'avère chaque jour plus inadéquat et donc source de confusion et de sentiment de crise profonde du paradigme dominant.

Fondements conceptuels à construire de l'ordre sémionomique nouveau

La nécessité de concevoir cet ordre nouveau est loin d'être reconnue. Il est en voie d'installation dans la réalité concrète, mais pas dans la représentation présente de celle-ci. Marx, dans le texte déjà cité, relève que ce fut un acquis pour la conscience de son fonctionnement par la société bourgeoise, quand Adam Smith mit le travail « tout court » au fondement de la création de toute richesse. Par contre, en ce qui concerne une prise de conscience théorique analogue de l'avènement de cette société post-capitaliste dont nous sommes les seuls à avoir les yeux crevés par son évidence, les perspectives semblent plus obscurcies. Mais il est aussi à relever qu'en l'occurrence, la tâche est plus hasardeuse. L'est grandement, en effet, le construct théorique des fondements d'un champ sémionomique par rapport auxquels élaborer les notions subséquentes de position, déplacements, ainsi que les paramètres cinétiques de ceux-ci, à savoir : orientation, vitesse, accélération, etc.

Le principal obstacle à renverser est constitué par le mur des préconceptions inhérentes à l'idéologie dominante des défenseurs d'une information qui, à leurs yeux, ne peut être que linéaire. Pour ces esprits bornés, le modèle ternaire simpliste émission- transmission-réception ne saurait être mis en cause par la révolution de la haute technologie. Les médias, par exemple, restent envers et contre tout des moyens de communication transparents. Ils ne font que retransmettre, en direct ou en différé.

Si l'on veut déboulonner ce dogme et dépasser l'obscurantisme qu'il flatte, il faut faire éclater l'évidence du fait que les valeurs sémionomiques, comme les économiques, sont produites et consommées pour satisfaire des besoins d'un ordre très spécifique. Plus haut, nous avons utilisé à leur sujet l'expression d'appétence pour la reconnaissance. Nous pouvons alors avancer dans la ligne ainsi tracée en suggérant de poser que l'avènement-événement historique de l'univers des valeurs sémionomiques débouche sur l'abolition du monde bourgeois pour lequel les inégalités sociales reposaient sur un principe de rareté des biens matériels nécessaires à la survie.

La logique de l'ordre des choses qui lui succède repose sur le postulat qu'avec l'essor de la haute technologie, la capacité de production économique potentielle permet d'accéder à un niveau de développement qui va au-delà de l'état antérieur de rareté des biens matériels. Et si, en fait, celui-ci persiste encore aujourd'hui, c'est en vertu de sa fonction dans le système des processus dynamiques régulant les quanta d'énergies qui s'opposent dans le champ sémionomique. L'analyse qui s'impose alors est celle qui consiste à classifier et différencier les opérations élémentaires ayant pour objet les valeurs d'information sémionomique. Dans cette visée, il convient de fonder l'édifice axiomatique à construire, sur deux grands groupes d'opérations organisant l'univers investi par l'appareillage numérique post- industriel signant notre immersion dans la modernité. Le premier groupe est constitué par tous les actes de consommation-réception des valeurs immatérielles ayant inondé les marchés, au sens que leur donne le néolibéralisme. Le second groupe est constitué, quant à lui, par les opérations corrélatives de production-émission de ces mêmes valeurs. Du jeu de ces actions complémentaires résulte l'équilibre mobile des positions hautes/basse dans le champ sémionomique.

Niveau des interactions entre les positions sémionomiques

L'équilibre instable de ces positions mobiles résulte du fait qu'elles sont reliées entre elles par un réseau d'interactions. Celui-ci est à la base de la totalité constitutive du champ-univers sémionomique. Les interactions à prendre en considération sont fonction des paramètres des positions qu'elles relient. Le premier de ces paramètres est la charge des positions en interaction. Celle-ci sera positive ou négative selon qu'elle dégagera une force d'attraction ou de répulsion. Le deuxième sera lié à la distance séparant les positons en relation. Le troisième enfin aura trait à l'orientation et à la vitesse de leur déplacement.

En physique, ce sont les lois de la gravitation qui déterminent les déplacements des corps dans l'espace. En science sémionomique, l'équivalent de ces lois réside dans l'effet positionnel tant de l'émission que de la réception des valeurs d'information qui circulent dans la totalité du champ dont nous présumons mettre en doute qu'il soit toujours dominé par celui de l'économie.

Notion et catégories de charge dynamique

Pour qu'une position s'inscrive dans la totalité du champ sémionomique, elle doit émettre/recevoir des valeurs de sens. Celles-ci, selon qu'elles sont émises ou reçues, entraîneront une action cinétique sur les positions sources ou cibles impliquées par leur transmission. Or cette action est effective parce que lui est imputable ce qu'à nos yeux il convient de considérer comme une charge, parce qu'elle s'agglomère à celles qui déterminent déjà l'état des positions corrélatives, et parce qu'elle est susceptible de se coupler ou se heurter à une ou plusieurs autres charges simultanées avec lesquelles elle partage la même position initiale ou finale. C'est sur cette faculté de se combiner à d'autres, que nous fondons le caractère dynamique de ce que nous tentons de conceptualiser comme charge. Sans un tel caractère, resterait indéterminé ce champ séminomique que n'occuperait alors qu'une somme de positions isolées et non pas une totalité concrète d'éléments inter-reliés en fonction de lois intelligibles.

Les catégories selon lesquelles se différencient ces charges se définissent par rapport au fait qu'elles partent à une ou à plusieurs d'une même position. Corollairement la même considération est à faire pour celles qui convergent vers une et une seule position d'arrivée. On l'aura compris, les charges sont classifiables dans les termes qu'utilisent les mathématiques modernes – la théorie des ensembles, en l'occurrence – pour distinguer entre elles les applications selon qu'elles sont injectives, surjectives ou encore bijectives.

Un autre axe de catégorisation des charges inter-positionnelles, ressort de la prise en considération du fait que toute position du champ sémionomique est à la fois sujet et objet de perception, en ce sens qu'elle est deux fois cible, comme entité perçue et comme entité percevante. Par là, les charges atteignant le premier genre d'entité sont à inclure dans une catégorie distincte de celle où regrouper les charges destinées au second genre.

Propositions pour un modèle d'analyse topologique du champ sémionomique

L'objectif à atteindre par le biais d'un tel modèle est la prédiction des effets cinétiques des interconnexions entre deux ou plus de deux positions, en fonction de la catégorie de charges émises et reçues simultanément en cette occurrence. Suite à l'accès de la haute technologie à une position dominante par rapport à la technologie traditionnelle, la dimension sémionomique des tels effets sera manifeste lors du passage des relations inter-positionnelles avec émission-réception de charges de un à un, à des relations avec émission-réception de charges de un à plusieurs ou de plusieurs à un.

Sur cette base, la modélisation sera sensée permettre d'établir, preuves à l'appui, la prééminence désormais irréversible de l'ordre sémionomique sur l'économique. Et l'établissement de cette prééminence rendra définitivement indéniable l'évidence que la satisfaction des besoins en biens matériels est supplantée par celle de l'appétence pour la recognition.

La modélisation préconisée imposera, en outre, l'idée que les positions supérieures du champ sémionomique sont objectivables par des combinaisons diverses d'indicateurs et par des convergences vers ces positions d'un ensemble éminent de charges émanant de celles d'un rang inférieur. La démarche initiée débouchera enfin sur une mise à jour des mécanismes par lesquels les positions supérieures sont soudées entre elles en raison de la densité des charges positives de reconnaissance qu'elles pointent les unes sur les autres. Ce processus propagateur de cohérence et d'union génératrice de puissance, sera reflété en négatif par celui inducteur d'incohérence affaiblissant les positions inférieures que leur isolement et leur manque de solidarité pousseront à s'opposer les unes aux autres.

Autres perspectives programmatiques ouvertes par la modélisation proposée

La notion de charge au fondement de la modélisation à laquelle nous préconisons le recours, revient à nommer de manière compliquée ce qui peut l'être simplement. Son emploi se justifie parce qu'il rend possible une vision synthétique abstraite d'une réalité concrète jusqu'alors non perçue, par conséquent indéchiffrable et déniée.

A partir d'elle devient constructible un système hypothético-déductif de relations inter-positionnelles et, de ce fait, constitutif d'un espace sémionomique *sui generis*. Et seul le passage obligé par cette phase de formalisation axiomatique, ouvrira l'accès aux opérations scientifiques proprement dites de segmentation des observables empiriques visant à vérifier la prédiction calculée théoriquement de leurs rapports quantitatifs réels.

Les critères de différenciation des positions dans l'espace sémionomique multidimensionnel sont à hiérarchiser en fonction de la part de variance que les composants de chacune expliquent – pour le formuler en termes d'analyse factorielle. Si l'on tente de passer maintenant en revue le groupe des critères de tête, il faudra mentionner d'abord celui de la domination qui, on l'a vu, fait référence à la proportion des quantas de charges négatives émises par rapport à celle des quantas de charges positives reçues.

Le deuxième des critères qui vient ensuite est celui du rapport toujours dialectique entre charges d'inclusion dans une classe logique identitaire, et charges d'inclusion dans une classe logique attributive. Autrement dit, interviendra, à ce niveau, l'opposition entre valeurs reconnues/déniées de notoriété et valeurs analogues de distinction. Dans ce cas, en effet, la position émettrice d'un quantum de charges dont la valeur de notoriété n'est combinée à aucune autre, se situe à un niveau de dominance égal à une position émettrice de charges dont la composante de distinction est prépondérante. Ainsi les charges émanant de chacune des deux positions prises en compte, exerceront un effet positionnel ascendant de même intensité.

La dernière opposition à considérer enfin est celle faisant intervenir le vecteur du déplacement des charges émises. Ou plus exactement sa teneur en moyens relevant de la haute technologie à la base de la production industrielle des contenus informationnels véhiculés. Et l'accumulation de ces moyens forme une pyramide dont le sommet est occupé par le canal de la diffusion audiovisuelle.

En résumé, les positions envisagées sous l'angle du type de charge qui en émane, doivent, à nos yeux, être analysées à partir des trois points de vue suivants sur l'espace sémionomique :

1) celui de la place occupée sur l'axe vertical domination/subordination ;

2) celui de la place occupée sur l'axe horizontal notoriété/distinction ;

3) celui du niveau de la teneur en moyens relevant de la haute technologie, des vecteurs véhiculant les contenus informationnels et les couplant aux charges qui déterminent les positions sur les deux axes précédents.

Les linéaments avancés ci-dessus et visant à préciser les principales dimensions de l'espace sémionomique invitent ainsi à la création d'un nouveau langage appelé à se substituer à l'ancien. Ce dernier était utile pour décrire les stratégies marchandes des agents économiques rationnels programmés pour maximiser leurs gains. L'avènement de la haute technologie, on l'a vu, commande le remplacement de l'ancien logiciel devenu inopérant pour décrypter les mystères des nouveaux déterminismes informationnels apparus au XXIème siècle. Le logiciel appelé à s'imposer désormais sera fondé sur des prémisses qui rompent avec ceux des modèles inaptes au dépassement de l'ordre des choses propre à l'ère industrielle.

Pourquoi le vieux logiciel à mettre au rancart, impérativement, est-il quasi indéboulonnable ?

Le logiciel exposé ci-dessus nécessite, pour être reconnu, que soit renversé l'ancien. Ce dernier en effet comporte un axiome de base caduc, mais toujours respecté comme un dogme intouchable parce que sacré. Cet axiome révéré comme s'il relevait des Saintes Ecritures, c'est celui de la primauté essentielle du besoin en biens matériels et immatériels par rapport à l'appétence pour la recognition.

Le monde de la pensée économique est traversé de scissions, disputes et autres affrontements mortels. Il suffit, cependant, de vouloir juste abattre le dogme dont nous contestons le bien-fondé, pour provoquer l'unanimité de tous les antagonistes d'hier contre cette intention. L'unique image polémique se développant alors sera celle d'une guerre des mondes qui apparaîtra sous la forme d'une bataille entre David et Goliath. Qu'est-ce que les tenants de l'ancien paradigme dès lors réconciliés se refusent à reconnaître ? C'est l'incapacité à laquelle les réduit leur système conceptuel obsolète, à ne serait-ce qu'entendre, sinon prévenir les catastrophes dont les grondements menacent. Et celles-ci ne manqueront pas d'être cause de dévastations immenses, si ne se comble sans délai le décalage devenu abyme entre le nouvel ordre objectif des choses et la représentation subjective de son existence et de ses fondements. En effet, comment agir en prétendant détenir toute la vérité du capitalisme, si l'on dénie que ce soit une notion qui a passé de la Politique à l'Histoire, comme le fit celle de féodalisme.

Frédéric Lordon, une critique dernier cri du capitalisme… qui va dans le mur

Voici un économiste et penseur sympathique, en ce sens qu'il a développé une critique de la foire aux vanités médiatiques où se pavanent les économistes orthodoxes. Cela nous vaut un défilé d'experts, scoliastes présomptueux mis à mal parce qu'ils délivrent leur vérité avec la fate certitude de se trouver à ce point supérieurs à leurs semblables, qu'ils dédaignent de les faire accéder à l'existence en s'opposant à eux. Ils occupent les plateaux télé avec pour seul objectif de faire tenir leur image à l'écran le plus longtemps possible. Ils n'ont de cesse de devenir incontournables au point de ne plus apparaître en public sans provoquer ce genre de buzz convoité par le vulgaire *people.*

Frédéric Lordon, quant à lui, m'est encore indiscernable parce que, dans le seul ouvrage que j'ai lu de lui, il ne s'abaisse à croiser le fer avec aucun de ses confrères savants. C'est mauvais signe car ce qui importe ce n'est pas de s'imposer béatement sur le petit écran, mais d'y être invité comme débatteur par le chœur constitué des experts autorisés dont le cercle fermé est nanti des pleins pouvoirs requis pour écorner impunément la liberté d'expression audiovisuelle. Ceci posé, qu'avance d'économiquement incorrect notre chevalier blanc ?

En ouverture, il annonce qu'il s'appuiera sur Spinoza pour remettre à jour l'analyse critique à laquelle Marx soumet le capitalisme du XIXème siècle. Son projet a-t-il abouti ?

Au départ et dans les intentions, il est question de faire un pas en avant. Mais ce qui pointe l'œil dans l'énoncé du titre même, se précise ensuite : la ligne directrice suivie par l'exposé opère bien vite une rotation de 180 degrés. Asseoir en effet son propos sur les concepts inauguraux de désir et de servitude, conduit irrémédiablement à s'engager sur la fausse piste des abstractions idéologiques. Car ce que propose l'auteur c'est de promouvoir une approche des phénomènes économiques qui dépasse la manière traditionnelle de les fonder sur des notions comme celles de besoins, de biens à produire et à consommer, etc. Pour ce faire il prétend que le moteur déterminant, en dernière analyse, des activités productrices de richesses, c'est le désir tel que l'abstraction en est élaborée dans les constructions les plus absconses du psychanalysme bon teint.

Et se vérifie alors la maxime « comme ça commence, ça continue ». Ce qui donne une extension conceptuelle de la notion de désir à celle pascalienne de passion et à celle spinozienne de *conatus*. Quant à celle de servitude, elle est étendue pour traiter de la diversité des conatus individuels en termes de rapports dominants-dominés. De leur dialectique se dégage la figure de l'entrepreneur générique dont la passion singulière à pour condition d'expansion le pouvoir de placer sous sa dépendance la passion analogue mais soumise de tous ceux qui sont réduits à n'être que des suiveurs. Ce n'est alors que dans un second temps que Frédéric Lordon spécifie son schéma global pour porter son attention sur la forme dérivée qu'il revêt dans la sphère économique. Il est ainsi amené à pointer dans le conatus de l'entrepreneur capitaliste une passion essentiellement dévolue à des objets relevant de sa sphère privée. Et ce n'est pas l'*auri sacra fames* qui le mobilise mais sa totale centration sur la création d'une œuvre dont l'unique raison d'être sera de lui survivre. Aussi la pulsion proprement entrepreneuriale est une force irrépressible d'entropie représentée par la notion mathématique de vecteur. Il s'agit d'une force vectorielle qui, pour s'avérer dominante, ne saurait persister dans son être sans s'adjoindre la force d'appoint des vecteurs dominés. On peut voir une métaphore de cette dynamique inter-vectorielle dans les aiguilles d'une montre. Si celles-ci indiquent midi/minuit, la convergence est totale. Elle est nulle dans le cas opposé, *i.e.* quand elles montrent qu'il est 0h/6h ou 12h/18h.

Ce qui retient l'auteur, ce sont les situations où les aiguilles forment un angle aigu, car peut alors s'imposer l'heure indiquée par la petite : l'orientation du vecteur dominant résulte du contenu créatif dont est porteur le projet de l'entrepreneur au sommet ; celui-ci étant libre comme peut l'être un électron. En fait la convergence totale n'est pas réalisée uniquement à midi/minuit, elle l'est aux moments précis où la grande aiguille dépasse la petite. La métaphore de l'heure telle qu'elle se lit sur un chronomètre, est intemporelle.

La variable historique, elle, se manifestera sous la forme d'une multiplication des relations de dépendance se développant sur un continuum allant d'une servitude assurant la survie, *i.e.* la satisfaction des besoins vitaux, à celle qui donne accès à l'infinitude des biens superflus – superflus eu égard aux nécessites de l'existence immédiate –, mais absolument indispensable du point de vue de la conscience de l'être au monde. En ce qui concerne le conatus économique, cette continuité historique est scandée en trois temps par F. Lordon. Le premier est celui du capitalisme de l'accumulation primitive où la survie des prolétaires est entre les mains crochues de l'*homme aux écus* et où le niveau de vie de ceux-ci est réduit au plus strict minimum. Et c'est bien sûr le patronyme de Karl Marx qui est inévitablement associé à cette phase évolutive. Le patronyme attaché à la seconde période historique découpée par notre auteur, est celui de John Ford. A son époque les conatus dominés sont branchés à celui de l'entrepreneur avec un tel succès, que menace une situation où les salaires distribués ne garantiront plus la solvabilité des consommateurs des biens produits. Les politiques économiques préconisées pour sortir de cette impasse ont été multiples. Mais toutes contribuent à doter l'acte d'achat d'affects joyeux, à la différence des affects tristes attachés au temps de travail dont la vente sur le marché de l'emploi ne permet pas d'acheter les biens offerts. A ce deuxième stade – dit fordien –, affects tristes et joyeux s'équilibrent encore pour permettre la mobilité sur l'échelle sociale des conatus dominés. Le troisième temps de cette valse qui entraîne dans un tourbillon cadencé la dynamique bi vectorielle au-delà de ses origines conflictuelles dialectiques est celui du capitalisme néo-libéral. Aux dires de ses thuriféraires, il guide l'humanité sur le chemin de la *Terre promise*, celle de l'économie mondialisée et de son marché planétaire. La part des affects tristes qui mobilisent les énergies désirantes à l'œuvre dans la sphère économique, y est réduite à sa part congrue ou, plus précisément, y est dissoute tout au long de la cascade des relations de servitude où le conatus dominant délègue ses impératifs inconditionnels au gré des échelons hiérarchiques qu'il coiffe.

A tous les niveaux, les agents directement ou indirectement subordonnés, occupent une position de soumis et, simultanément jusqu'à l'avant-dernière place, de soumettant. Cette gradation serait caractéristique du stade suprême du capitalisme, alors qu'à l'origine, l'ordre des rapports de servitude était bipolaire. En effet, la position intermédiaire du salarié-cadre n'existait pas encore.

L'ouvrage qui vient d'être analysé ici illustre péremptoirement quel échec menace une démarche scientifique qui s'est embourbée dans une voie sans issue. Elle s'écrase contre le mur qu'elle prétendait pouvoir franchir, elle s'arrête à l'ici et maintenant d'une position d'où toute vision du futur est bannie. La cause en est la représentation très partielle que Frédétic Lordon propose du présent. Les prémisses de la conceptualisation qu'il développe consistent en un salmigondis de notions préscientifiques abstraites. Au bout du compte, la construction théorique qu'il veut faire passer est élaborée sur des fondations ne reposant sur rien de réel. Aussi, au fur et à mesure qu'elle s'élève, devient-elle plus bancale. Finalement, impossible d'en tirer rien qui vaille et le lecteur a priori bien intentionné qui a laborieusement suivi le fil du discours, découvre déçu qu'il a été amené à son insu sur la voie d'un retour en arrière, c'est-à-dire au déni de toutes les valeurs reconnues aux acquis d'hier et qu'il s'impose aujourd'hui de poursuivre, en marche avant, l'œuvre des pères fondateurs. La plus-value a longtemps été conçue comme une rente foncière et le progrès scientifique a imposé le renversement du rapport de l'une à l'autre. De même l'état du monde actuel est-il conçu comme stade suprême du capitalisme, alors que ce dernier doit être vu comme un état dépassé mais précurseur de la situation présente encore vécue comme chaos indéchiffrable.

L'économie du don : Pierre Bourdieu souffle sur le château de cartes de la bien-pensance capitaliste

Deux catégories d'économie sont prises en considération par Pierre Bourdieu, *i.e.* celle du don et celle du donnant-donnant. Dans l'histoire, la dernière prend le dessus sur la première d'une part, et d'autre part la science de la seconde échoue à lever le mystère de la première, la pierre d'achoppement étant la détermination de la valeur symbolique vue, à tort, comme un phénomène irrelevant pour la science, parce qu'irrationnel. Pour l'auteur des *Méditations pascaliennes*[2], cette valeur tient avant tout dans l'espace temporel devant s'intercaler entre l'acte du don et celui du contre-don. Et c'est de la manipulation de cette variable critique qu'émane l'alchimie qui transforme le plomb de la valeur économique en or de la valeur symbolique. L'échange auquel donne lieu cette pratique inaccessible à l'approche individualiste de la pensée scolastique, est produit/producteur des dispositions, habitus, champs spécifiques, ainsi que des cadres de perception et de représentation des acteurs mis en relation, aussi dissymétriques puissent être leurs positions respectives. Par ailleurs, ce processus constitutif d'un ordre *sui generis* du symbolique, évolue dans l'histoire en se déplaçant de la sphère du personnel à celui du collectif. Ainsi ce qui s'observe dans l'économie du don est analogue à ce qui se produit à l'échelle du donnant-donnant. En effet, la conclusion de l'analyse est que l'évolution de la valeur symbolique aboutit à la constitution d'un véritable marché éponyme.

---

[2] Bourdieu, P., 1997, *Méditations pascaliennes,* Seuil, Paris

Le mérite de la démarche de Pierre Bourdieu est de révéler que la philosophie scolastique est au fondement de la science économique dominante. Et Frédéric Lordon reste pris dans les filets de celle-ci. Par exemple toutes ses notions de désir, conatus, passion, affects tristes et joyeux, etc, sont individualistes et subjectives, elles n'ont rien d'économique et ne relèvent que d'une psychologie limitée et anhistorique. A mon avis, la conceptualisation sociologique d'un marché symbolique tel que la propose Pierre Bourdieu, constitue une avancée estimable, elle mérite toutefois d'être poussée plus loin. Comment ? Eh bien tout simplement en mettant en parallèle l'émergence de l'ordre symbolique avec celle de la haute technologie de l'information, faute de quoi s'insinuera à la vitesse grand V une discrépance entre l'état réel des choses et celui de leur représentation. Impossible en effet de se borner à revendiquer une place d'égal à égal du symbolique par rapport à l'économique. La thèse à opposer et imposer est donc celle d'une impossible coexistence pacifique de deux ordres, le dernier arrivant étant définitivement entrainé à chasser celui dont il est prédéterminé à occuper la place.

La sortie de l'âge de l'économie : selon quelles modalités ?

Dans l'ouvrage auquel nous nous sommes référés, l'auteur avance que s'il devait se réclamer d'une ascendance, il se proclamerait pascalien plutôt que marxiste. Aussi ne le retient guère la sociologie de Kar Marx. De ce fait la notion de mode de production ne constitue-t-elle guère un critère historique de différenciation des processus sociaux auxquels il applique ses mots-clés de disposition, habitus, etc, dont nous avons déjà énuméré le trousseau plus haut. Un continuateur marxiste – *i.e.* non pascalien – de Marx, a inauguré dans les années 50 une réflexion sur la notion de mode de production qui nous a semblé heuristique. Il s'agit du savant oublié nommé Wittvogel – Karl, encore, de son prénom –. A la différence de notre démarche qui se veut prospective, la sienne serait davantage rétrospective : il s'interroge sur les heurs et malheurs dans la vie intellectuelle de son époque, de la notion de mode de production asiatique. Il le fait dans un ouvrage érudit intitulé *Le despotisme oriental* et dont l'édition anglaise date de 1957 et la traduction française de 1964[3]. A noter que cette dernière porte en première de couverture un portrait du jeune Staline. Il s'y étonne pourquoi ce mode de production n'est – théoriquement – pas compatible avec une conception unilinéaire de l'évolution historique. Se fondant sur un mode d'analyse pluri-linéaire, il étudie le dit mode de production controversé tel qu'il se présente dans les sociétés hydrauliques et cela principalement du point de vue de l'exercice du pouvoir et de la jouissance du droit de propriété de la terre. Il consacre enfin son dernier chapitre à la question de la transition de ce mode de production à un autre.

Cette problématique de passage historique critique nous aide à résoudre la nôtre dans la mesure où l'âge historique de notre temps est, selon nous, arrivé à son terme et que celui appelé à lui succéder est à inventer, comme fut inventée rétrospectivement par Wittvogel la société

---

[3] Wittvogel, K., 1964, *Le despotisme oriental*, Minuit, Paris.

hydraulique ainsi que tous ses avatars. Le système soviétique faisait, à ses yeux, exception en ce sens que le despotisme agraire de l'ancienne société était semi-directionnel, « il alliait le pouvoir politique total au contrôle social et intellectuel limité (...). La révolution d'octobre, elle, donne naissance à un système d'esclavage généralisé fondé sur l'industrie »[4]. Quand il écrivait ces lignes, il ne pouvait prédire la fortune historique future de cet esclavage. Nous savons aujourd'hui, en 2019, qu'elle a fondu en même temps qu'est tombé le mur de Berlin en octobre 1989. L'alternative n'est donc plus esclavage ou liberté, mais conscience ou non-conscience d'entrer dans un nouvel âge historique. L'avènement d'une capacité humaine de se représenter l'existence et la nature de celui-ci, dépend de l'avènement d'une capacité égale concernant la potentialité révolutionnaire des découvertes scientifiques et inventions imputables à l'essor de la haute technologie. Et sur ce point, il y a tout lieu d'être pessimiste car le risque est réel qu'il n'y ait plus rien après l'âge historique de l'économie.

L'avènement de l'âge historique de la sémionomie : encore une prophétie prêchée dans le désert ?

Le modèle d'analyse sémionomique exposé plus haut en théorie, peut être maintenant appliqué pour dégager de la réalité empirique des éléments d'interprétation s'inscrivant dans une vision du monde. Ce qui est à relever, dans un premier temps, c'est le fait que les écarts entre les extrêmes des trois premières dimensions qui

---

[4] *Op.cit.*, p.530

structurent le champ sémionomique, se creusent toujours plus. L'image à convoquer pour rendre compte de ce phénomène, est celle de l'expansion de l'univers. Par-là, les positions dominantes s'opposent de manière croissante aux dominées. De même celles sur l'axe de l'usage majeur ou mineur des instruments de communication qui relèvent le plus de la haute technologie. Il en va de même également pour les positions sur l'axe des ressources cumulées en valeur de notoriété ou de distinction.

L'extension du champ séminomique simultanément sur ces trois dimensions, fait accéder la réalité sociale à une nouvelle situation en totale rupture avec la précédente. Et ce qui se manifestera sous la forme de phénomènes au plus haut point inattendus résultera de la croissance exponentielle de la puissance attachée aux charges à l'œuvre dans ce champ. Du jeu des interactions de celles-ci, résultera toute la réorganisation des lois déterminant le fonctionnement de l'âge historique nouveau.

Les principes émergeant les plus scandaleux concerneront alors la reproduction de la structure des positions par équilibrage dynamique des énergies faibles positives et négatives à l'origine de la matérialité sémionomique informationnelle.

Aussi les bouleversements évoqués ici sont-ils impossibles à faire admettre au gotha de la pensée économique, comme le fait que le rang d'un présentateur ou d'un animateur de plateau télé puisse maintenant se situer à un niveau de dominance sociale égal à celui d'un manager dont le salaire versé par son entreprise peut dépasser de dix mille fois celui du smicard au bas de l'échelle. Cet état de fait instauré par les tenants du nouvel ordre régnant, suppose un équivalent sémionomique général régulant les échanges informationnels dont les flux sont au fondement d'un marché inédit devenu grand maître du jeu. C'est en son sein, en effet, que se créent et s'échangent les valeurs de sens, *i.e.* que se déplacent et se heurtent, sous formes de courants faibles, les quantas positifs et négatifs d'énergie sémionomique. Le nouveau marché supplantant celui de l'économie, assied ses pleins pouvoirs par le truchement d'une stratégie de concentration des positions supérieures. Celles-ci se solidarisent par le jeu de leurs appuis réciproques accordés au détriment des positions qui leur sont directement inférieures. Les élus gagnant de la nouvelle compétition parviennent à associer leurs intérêts communs en s'auto-proclamant groupe d'appartenance exclusive. Pour atteindre ce stade suprême, ils s'entourent de barrières pour empêcher la contestation de leurs privilèges. Ils imposent aux impétrants la redevance d'un droit d'entrée exorbitant et, par conséquent, de faire antichambre de longues années avant de pouvoir compter au nombre des happy few constitués en classe sociale nouvelle formule. La conséquence qu'entraîne ce processus de polarisation ne réside pas dans la cristallisation complémentaire d'une classe exploitée réduite, pour survivre, à tout miser sur sa capacité d'organisation offensive. Au contraire les positions dominées se fragmentent en cascade sur un plan oblique, chaque niveau de celui-ci reportant la charge négative responsable de son exclusion, sur le niveau qui lui est directement inférieur. Immanquablement la cascade se déverse au final dans un bassin de réception, celui des exclus qui ne sont plus à leur tour des excluants. Et c'est cette dernière catégorie de stigmatisés « absolu » qui s'instaure comme fondation stable sans laquelle l'édifice de la structure sociale en voie de développement, vacillerait pour, à terme, s'écrouler. Autrement dit, c'est de l'aptitude de ce groupe butoir à satisfaire son minimum vital de besoins identitaires, que dépend celle de l'ensemble à perdurer sur la corde raide d'un état de crise permanente, sans être happé par le vide et tomber dans l'abîme de la déconfiture systémique globale.

Ainsi l'avènement du nouvel âge historique implique-t-il l'installation dans un fonctionnement dont les mécanismes internes sont totalement hétérogènes par rapport à ceux du fonctionnement qui lui a cédé sa place. Cependant les renversements qui changent tout en profondeur, ne laissent rien apparaître en surface. Tout semble aller comme avant, alors qu'en réalité tout est différent.

La question se pose alors de l'évidence du nouvel âge historique. Ne serait-il qu'un artéfact théorique ? A quels observables se fier pour se convaincre que le règne de la rareté et du besoin a bel et bien été renversé, que l'empire de la nécessité économique ne sera bientôt plus qu'un mauvais souvenir ? Quant à la nécessité séminomique, sera-t-elle moins impitoyable ? En fait tout pousse à croire que, pour cette nécessité nouvelle, les conséquences sur les conditions d'existence seront approximativement les mêmes. Cependant le passage d'un régime de naturalisation symbolique à un autre, va fonctionner comme point d'origine d'une dérive évolutive décisive, car la légitimité du bloc des positions supérieures dans le nouveau champ en voie de constitution, sera plus fragile, elle reposera essentiellement sur un corpus de croyances dont l'unité est en permanence menacé par les conflits internes d'intérêts. Par ailleurs, il sera crucial que ne s'abaisse au-dessous d'un certain seuil minimal, l'attachement des dominés à la position qui leur échoit, pour les bénéfices secondaires qu'ils en retirent sous la forme d'un retrait confortable dans l'insouciance ou la morosité d'une existence au jour le jour.

Il convient dès lors de se demander si la situation précaire des dominés ne résulterait pas du choix intentionnel des dominants d'échouer dans leur politique de réduction du taux de chômage, d'abaissement de la dette publique, avec l'arrière-pensée retorse de pouvoir alors agiter le spectre d'une nouvelle crise générale du type de celle de 2008. En fait, si l'état de délabrement profond actuel était imputable à des machinations obscures du bloc supérieur, il y aurait aussitôt des voix qui s'élèveraient parmi les dominants soucieux d'engranger avant l'orage les gains sémionomiques que leur vaudrait la publicité de leur geste vertueux.

Il est, à nos yeux, plus vraisemblable qu'intervienne, à la place d'un plan d'action trop intelligent pour faire le consensus de tous ses initiateurs, un mécanisme systémique aboutissant au paradoxe selon lequel plus les élus du système sont gagnants, plus ce sont les exclus qui payent les pots cassés et qui sont ensuite poussés à se convaincre de leur indignité et à surestimer l'habileté de ceux qui les fouettent et les rabaissent dans le mépris d'eux-mêmes.

Au bout du compte, ce paradoxe est à mettre en relation avec une coïncidence quasi miraculeuse, à la limite de la surdétermination, qui fait que la représentation du réel soit totalement monopolisée par les dominants en raison de leur mainmise sur les moyens de diffusion industrielle de l'information et, de ce fait, sur les logiciels nécessaires au contrôle de son traitement. Toutefois, le système de représentation – qui frise la vision du monde, celle précisément en usage dans le bloc des positions dominantes – est également nécessaire aux dominés dont les positions inférieures sont comme un nuage, une poussière d'étoiles, parce qu'elle donne corps à leur appétence pour la recognition dont leur existence elle-même est tributaire. A vrai dire un minimum de cette appétence est même crucial pour leur survie, si fort soit le prix qu'ils ont à le payer.

Reste à leur acquis les bénéfices secondaires qu'ils retirent de leur état de dépendance représentationnelle sous la forme de sentiments d'amour qu'ils vouent aux *peoples* de leur cœur, agrémentés du délire qu'*ils* le leur rendent bien à travers le petit écran, les yeux dans les yeux. Nous ajouterons que pour certaines de ces figures médiatiques bienaimées, la question a moins à voir avec le systémisme que le cynisme.

La dominance sémionomique varie et bien fol est qui s'y fie. Mais son exercice, parfois sacerdotal, n'est pas un long fleuve tranquille. Les plus efficaces stratégies d'imposition d'une image durable de soi supposent une certaine virtuosité dans le maniement de l'agressivité. La contre-agressivité déclenchée est en effet payante, elle resserre les rangs de ceux qu'elle vise. Par exemple, Olivier Bezancenot doit être tout heureux des seaux de stupidité sournoise que déversent sur sa personne les plumitifs lourdauds du FN. A l'opposé, un Vincent Bolloré goûte avec délice les flots d'invectives dictées par la jalousie, que lui valent ses stock-options et autres parachutes dorés. Il s'en fait une stature de capitaine Hadock menant sa Licorne contre vents et marées. De plus, en tant que grand patron de presse, il se paiera le luxe d'être un libéral sans reproche, ne censurant, si faire se peut, que les voix dissidentes qui pourraient faire plus que l'égratigner. Aussi descend-il lui-même au charbon pour que soit admirée sa vaillance à contredire en personne ceux qui seraient bien hardis de l'attaquer. Pour finir, il faut bien en arriver à mon pessimisme annoncé d'être jamais entendu dans ma prophétie d'un âge historique nouveau. Celui-ci, telle la face cachée de la lune, est destiné à n'être jamais objet de vision. Pour tester la solidité de ce pronostic, je proposerai, en conclusion, ceci : la démonstration « astrophysique » de l'existence de cette face cachée, si elle venait à être publiée, provoquerait une révolution scientifique analogue à de celles théorisées par Karl Popper. En conséquence, la première ligne de défense qu'elle aurait à percer serait celle des éditeurs. La plupart d'entre eux ne se montreraient pas suffisamment assez imaginatifs pour tenter le pari de soutenir mon entreprise. La dérobade, principale réaction à attendre d'eux, serait rationalisée par la proclamation que mon texte est trop difficile à comprendre, son fil à suivre. Par une telle esquive sera justifiée leur refus d'entrer en matière et d'avoir à produire un contre-discours reprenant, après lecture, un à un chacun de mes arguments avancés à l'appui de ma thèse relative à l'avènement d'un nouvel âge historique. Mais ce qui est craint par-dessus tout, c'est que mon texte n'en vienne à exister, serait-ce sous la forme d'objet de réprobation unanime. Il n'est en effet plus de pouvoir ecclésiastique légiférant sur ce qui sépare le pensable de l'impensable, l'épreuve du bûcher faisant foi. Aujourd'hui, cette réfutation des hérésies par le feu a laissé la place à un contrôle de l'information d'autant plus absolu que cette dernière s'infiltre de manière envahissante par les moindres interstices.

Quid des neurones de la soumission people ?

Avant d'envisager notre questionnement du phénomène de l'imprégnation neuronale, nous viserons à préciser l'objet – très particulier dans notre propos – de celle-ci : la *soumission people*. Et d'abord la notion elle-même de soumission qui renvoie à la fois à une voie active/passive (soumettre/être soumis) et à une voie pronominale (se soumettre). Elle pointe en outre la sphère des processus de positionnement social, de relation intergroupe conflictuelle. Son usage couvre un large spectre d'observables qui vont de ceux retenus par l'éthologie à ceux que se donnent les idéologies de l'exploitation de l'homme par l'homme, en passant par tous les écrits portant sur les phénomènes d'affrontements armés entre nations, races, religions, entre colonisateurs et colonisés, etc. Le plus important, à ce stade de l'exposé, concerne la nécessité de prendre en compte l'aspect historique de ces phénomènes, et en particulier tout ce qui se rapporte aux déterminations introduites par l'état des forces productives, à une époque déterminée.

Certainement, s'engager en toute naïveté dans le questionnement des formes contemporaines de la conflictualité – en recourant à des éléments de langage ringards mal inspirés de Marx – ne manquera pas de susciter des haut-le-corps chez le lecteur qui répugne à se voir forcé de rallier un combat d'arrière-garde. Cependant, à y regarder de plus près, ce que pointe la notion mal vue de « forces productives » mérite qu'on s'y arrête une seconde, avant que ne réagisse par un haussement d'épaules celui pour qui le souci de penser moderne relève plutôt de celui de paraître élégant.

Dans mon questionnement critique précédent, j'ose mettre en doute l'idée qui fait foi pour tous, d'un extrême à l'autre – en passant par le centre –, selon laquelle ce sont les catégories économiques qui se retrouvent en permanence sur le devant de la scène. S'agissant de la soumission people, la mise en doute devient : l'argent est-il toujours au centre de tout et d'abord à celui de tous les affrontements ? Plus précisément les diverses formes revêtues par cette soumission, ne sont-elles pas à mettre en relation de symétrie inverse avec ce que nous pointions, dans le précédent chapitre, du terme de recognition ? Dans cette hypothèse, les rapports s'établissent d'une part entre des agents qui soumettent pour être reconnus et des patients qui, inversement, reconnaissent en étant soumis. Autrement dit la soumission-recognition people se substitue à l'exploitation de l'homme par l'homme. En effet, suite au passage historique de l'âge économique à l'âge sémionomique tel que nous en avons supposé plus haut les conditions socio-culturelles, l'eunuque industriel décrit par Marx dans les Manuscrits de 1844, se métamorphose en eunuque médiatique, ou people. Et pour instiller un venin dernier cri depuis un chariot vieillot, nous dirons que l'aliénation par la bourgeoisie des besoins du prolétariat devient son aliénation managériale au plus profond de sa conscience de soi comme classe sociale. Pour ce qui en est des conditions d'existence matérielles du prolétaire individuel, de son rapport à l'air et la lumière évoqué en quelques traits acérés – dans les Manuscrits de 1844 toujours –, elles se sont transformées en la consommation de masse, perte de soi dans une errance anonyme au gré des mouvements tourbillonnants de buzz prometteurs d'états de grâce, qui, au final, se révèlent mouvements browniens d'un télescopage général.

La haute technologie au fondement des forces productives sémionomiques

Nous interrogeant sur le nouvel âge historique appelé à se substituer à celui de l'économie, nous avons envisagé l'avènement d'un champ des valeurs d'information que nous avons proposé de qualifier de sémionomique. Les valeurs de sens qui s'y échangent procèdent d'actes de communication médiatisés par des appareils d'émission/réception d'informations que la haute technologie dote d'un potentiel d'efficience extrême. Les forces productives sémionomiques mises dès lors en œuvre vont provoquer un bouleversement total de l'ancien ordre économique par le truchement d'une recomposition souterraine de l'organisation intrapsychique humaine. En effet, les contenus sensoriels tendent à être générés par une fraction croissante de stimuli représentationnels produits à grande échelle, *i.e.* à un niveau industriel.

Cette évolution suppose l'acquisition par la haute technologie de capacités de transmettre et de traiter des signaux électriques de bas niveau (courants faibles) et numériques, *i.e.* digitaux et non plus analogiques. Et c'est ce qui caractérise l'âge sémionomique : l'engagement dans la croissance hyperbolique du volume et de la vitesse de circulation électronique dans des réseaux interconnectés soit au sein de machines à calculer individuelles, soit dans le cadre d'une toile aux ramifications planétaires (internet). Au final, la mutation déclenchée par cette transformation dans l'ordre des artefacts représentationnels produits à grande, très grande échelle grâce aux acquis de la haute technologie, réside dans le fait de doter ceux-ci du don d'ubiquité, dans l'espace et le temps.

Mutations intrapsychiques subséquentes à celles qui se sont produites dans l'environnement symbolique où les artéfacts représentationnels sont désormais l'objet d'une production sémionomique industrielle ?

Avec l'avènement de l'âge sémionomique, le cerveau humain est confronté à un volume croissant de tâches nouvelles. Il est ainsi amené à percevoir/recevoir des images et sons en provenance de tous lieux et époques. De plus – et c'est d'une importance capitale à relever – ces contenus sensoriels qui modifient les réseaux neuronaux, opèrent à l'identique, simultanément ou pas, sur la multitude des cerveaux pris dans un même environnement perceptif globalisé.

En même temps, se met en branle la masse des tâches cérébrales complémentaires qui, elles, sont non pas sensibles mais motrices. En effet, aux nouvelles fonctions réceptrices sollicitées doivent correspondre autant de nouvelles fonctions émettrices agissantes. Ainsi se voient créées deux situations en relation de symétrie inverse, à savoir d'une part celle où une multitude de récepteurs sont en relation avec un seul émetteur et d'autre part celle où le lien de communication est établi entre une personne unique et une foule anonyme et passive. Dans le premier cas le sujet percevant se sent pris dans un rapport intersubjectif face à une séductrice et/ou séducteur qui de son regard et de sa parole l'interpelle au plus profond de lui-même ou qui, tout a moins, le guide d'une voix off dans un monde inconnu et qu'il lui fait découvrir. Si l'on prend maintenant en considération l'autre cas, en laissant de côté la situation intermédiaire où ne se donnent à regarder et entendre qu'images et sons ou bruitages, on découvre un agent en représentation face à l'objectif d'une caméra dont le voyant est rouge, autrement dit un agent pour lequel l'objectif qui le saisit, équivaut aux milliers d'yeux formant un public qu'il ne pourrait atteindre en salle (ou en stade) qu'au terme de plusieurs existences.

En résumé, la prolifération des objets sensoriels artificiels parce que produits en quantité industrielle par des machines électroniques a profondément bouleversé le fonctionnement cérébral humain en ce sens que ce sont ses réflexes d'orientation qui s'en sont trouvés modifiés, ainsi que sa vision spéculaire qui en a été atteinte. Ces deux fonctions mentales sont originaires dans la croissance de l'enfant, et donc le chamboulement environnemental qu'a provoqué la prise du pouvoir par les instruments de la haute technologie a ébranlé l'être humain dans ses fondements. Et ce qu'il faut souligner avant tout, c'est que cet ébranlement est intervenu en provoquant des déchirures dans le tissu social, à côté desquelles ne sont rien celles entraînées par la lutte des classes dans l'ancien logiciel révolutionnaire.

Les nouveaux besoins de la soumission

Les objets qu'on peut qualifier de virtuels et qu'élaborent désormais les cerveaux qui les assimilent sont de ce fait même frappés d'une charge affective. Celle-ci constitue le pendant intrapsychique de la charge dynamique comprise dans l'ensemble de celles mises, plus haut, au fondement de l'organisation et de la structure du champ sémionomique. Ces objets issus de la haute technologie et qui ont pris le pas sur celle de l'ère industrielle, sont intégrés dans la trame des besoins originaires sélectionnés au cours d'une évolution sur des millions d'années, mais recyclés pour satisfaire aux contraintes de l'ordre qui aujourd'hui fait la loi. Comme déjà dit, la hiérarchie de ces besoins a été renversée. Les secondaires ont pris le pas sur les primaires. C'est ce que j'ai tenté de conceptualiser avec la notion d'appétence pour la recognition qui maintenant occupe le devant de la scène des déterminants des systèmes sociaux.

Et c'est ici qu'intervient le processus sans lequel ne serait irréversible la transformation à la source de l'âge sémionomique. Ce processus consiste en la mise en relation de réciprocité de l'appétence pour la recognition passive comme besoin de soumission active avec celle de la recognition active comme besoin de soumission passive. Il y a donc un face à face entre un égo soumettant celui qui le reconnaît, et un alter qui se soumet à celui qu'il reconnaît. Plus simplement dit, être reconnu comme familier, célébrité, femme ou homme de pouvoir, éventuellement ennemi – public ou non –, l'emporte sur le fait d'être n'importe qui reconnaissant quelqu'un de connu. Les premiers soumettent, alors que les seconds leur sont soumis.

Ce qui change avec l'émergence du phénomène people

Tant qu'on subsiste dans l'âge historique de l'économie, la distinction des positions de soumettant par rapport à celles de soumis, reste secondaire à côté de l'opposition dominant/dominé. Il est considéré comme normal que la personne d'un haut niveau socio-économique soit mieux connue que celle d'un niveau inférieur. Mais tout change avec la diffusion à grande échelle des images sur écran, petits ou grands. En effet, se creuse alors un fossé sémionomique entre reconnus/soumettant et reconnaissant/soumis.

Quelle est donc l'origine de ce transfert des processus d'accroissement des inégalités économiques vers ceux différenciant les positions dans le champ sémionomiques ? L'idée qui me vient et m'interroge sur ce point, c'est qu'ait émergé une conscience non de classe mais – disons – de catégorie que je qualifierais de sociométrique, en me référant au psychosociologue Jacob Moreno qu'avec le psychodrame son questionnaire des choix préférentiels soumis aux élèves de classes scolaires a rendu célèbre.

Une catégorie sociométrique, à l'instar d'une classe sociale, ne devient consciente d'elle-même si et seulement si chacun de ses membres ne conçoit la défense de ses intérêts privés que comme étroitement liée à celle des mêmes intérêts de ses semblables. La société bourgeoise devient de ce fait, à l'âge sémionomique, une société dominée par les intérêts de peoples solidaires qui se reconnaissent entre eux, tout en ignorant la masse anonyme qui les adule. C'est ainsi que par le truchement de ces deux modes de reconnaissance – bilatérale et unilatérale –, ils retirent le plus haut taux de plus-value de notoriété. Le « peopolat » est un être plus qu'un avoir. Il est fondé sur l'intime conviction de ne devoir son état privilégié qu'à son seul mérite. En outre, cet état n'est majoritairement pas assumé. Et sur cette question, je devrais me trouver en désaccord avec le sens commun. Pour celui-ci, ce gotha se limite au cercle étroit des personnalités glorifiées par ces magazines en papier glacé qui leur consacrent des pages entières de photos-couleurs. A mon sens – qui n'a encore rien de commun –, cette restriction vaut pour les origines. Britney Spears, Paris Hilton et autre Lady Gaga étaient alors seules à « soumettre » un essaim de fans, femmes pour la plupart. Leurs homologues masculins ne sont évidemment pas restés en rade. Depuis, tous ont fait des émules par la magie d'un processus de « peopolisation » qui s'est propagé par ondes circulaires successives pour contaminer un village agglutiné au sommet de la société et regroupant des gens qui, eux, dénient leur propre « peopolité » en arguant du fait que leur popularité est de plein droit légitimée par leur odeur de sainteté, leur richesse économique, leur pouvoir politique, leurs talents sportifs, artistiques, intellectuels, leur sang royal ou enfin par leur audience de mages des médias. Ainsi la boucle est bouclée parce que ceux qui sont sollicités à répandre leur image et leur « communication » et qui, dans la foulée, soumettent une masse qui n'en demande pas moins, opèrent leur jonction avec ceux qui sont leurs solliciteurs et que cela rend du coup célèbres pour être appréciés comme étant les meilleurs serveurs de soupe sur les plateaux où se pressent leurs invités.

Qu'ajouter ? Que les stratégies pour occuper les positions dominantes dans le champ sémionomique sont multiples et rivales ? Que l'une d'elles, parmi les plus rusées, consiste à tramer dans les coulisses, en ayant pour unique motif d'inspirer la crainte et d'attiser la fièvre complotiste. On peut citer en exemple le groupe Bilderberg qui se réunit en huis clos et qui doit ses supposés pouvoirs souterrains aux mystères savamment entretenus autour de lui.

La prise du pouvoir par les stratégies sémionomiques

Occuper le plus grand nombre de lieux de parole médiatique et le plus fréquemment, tel est le but du jeu, dans le combat des communicants de la nouvelle ère. Aussi, dès que la notoriété, la distinction deviennent des objectifs visés avec préméditation, s'opère un renversement de la relation fins/moyens sur le marché concurrentiel des positions people. Hier, on devenait connu parce qu'on était le meilleur, une fois arrivé au sommet de sa carrière. Aujourd'hui, la gloire médiatique c'est la carotte dans le dur et laborieux avancement sur le chemin menant à la reconnaissance pleine et entière de ses dons. Et l'accès à la position sémionomique dominante élimine en les décourageant et les déprimant, les concurrents qui s'en approchaient. L'air respiré sur les hauteurs de la renommée agit comme une gelée royale qui donne le « peps » pour devenir champion sportif, chef d'Etat, musicien virtuose, en un mot pour devenir un « battant » qui fait de ses rivaux des « losers ». Seulement ce renversement moyen/fin, cause/effet dont nous avons placé l'origine dans la survenue de la haute technologie et qui a signé la fin de la société industrielle, ne doit pas être conçu comme le produit d'un déterminisme mécanique du type de celui faisant, sous Staline, de la superstructure un effet, un reflet de l'infrastructure. Dans l'optique qui est la nôtre, la tâche est dès lors de dégager de l'Histoire les situations témoignant de pratiques fondées sur des catégories socio-sémionomiques avancées mais dominées par rapport à celles qui règlent les rapports sociaux dans la société bourgeoise. Il s'agirait en somme de s'inspirer de la méthode préconisée par Marx qui montrait que la monnaie, institution économique fondamentale, n'a conquis la place qui est la sienne aujourd'hui, qu'après avoir occupé des zones partielles comme l'armée « dans l'Empire romain (...) où l'impôt en nature, les prestations en nature demeurèrent le fondement ». Une approche historique complémentaire serait nécessaire pour approfondir les conditions d'apparition du nouvel ordre sémionomique, cerner les prémisses de celui-ci. Il serait opportun ici, en s'inspirant toujours des analyses contenues dans « Das Kapital », de dessiner les contours de ce qu'a pu être la phase d'accumulation primitive des forces contenues dans les charges dynamiques dont nous avons fait, dans le précédent chapitre, l'armature et l'encadrement des déplacements au sein du champ sémionomique.

Avant de concentrer notre questionnement sur les neurones de la soumission people, il convient de prendre en considération l'organisation et les caractéristiques des valeurs informationnelles qui circulent dans la sphère dont nous supposons qu'elle recouvre désormais celle de la circulation des marchandises et de l'argent. Des études pionnières utilisent les techniques de l'intelligence artificielle pour discriminer dans toutes les paroles diffusées sur toutes les antennes audio et audio-visuelles, *i.e.* à la radio et la télévision, celles qui émanent d'une interlocutrice de celles d'un interlocuteur. L'objectif de telles études est d'estimer la persistance de la loi patriarcale.

Ce qui est enregistré là, ce sont les contenus « vocaux » qui seraient entièrement aptes à constituer le corpus d'une analyse quantitative plus étendue, *i.e.* élargie à d'autres items que le genre comme l'identité par exemple ainsi que tout ce qui s'y rattache et qui constitue le fonds de commerce des recensements de population. Pourraient y être adjoints les données, ou plutôt les *datas,* aptes à faire l'objet de calculs relatifs aux fréquences d'apparition en fonction du jour, de l'heure. Pourraient également être saisies les informations corrélatives qui concernent l'émission et sa performance d'audience. Le matériel ainsi amassé servirait ensuite à mesurer l'empreinte sur le public d'une parole people conçue comme autoreprésentation d'un Gotha coopté, et d'apprécier le pouvoir de soumission de ce peopolat enfin connu jusque dans les linéaments de son existence ondulatoire, l'objectif étant de représenter le versant objectif de l'organisation quantique propre aux charges dynamiques gravitant dans le champ sémionomique.

C'est alors seulement que pourrait être envisagée l'approche du versant subjectif des mêmes phénomènes, *i.e.* de l'impact de la soumission people sur la masse anonyme qui la subit.

L'impact neuronal des contenus informationnels émis et reçus

Les vécus déclenchés par les charges dynamiques ont été jusqu'ici envisagés comme contenus informationnels industriellement produits et en circulation partiellement aléatoire dans le champ sémionomique. Il convient maintenant d'analyser leurs effets de soumission. Le faire au moyen des concepts « dispositionnels » initiés par Pierre Bourdieu[5], c'est les comprendre à titre d'effets de connaissance par corps, agissant sur des êtres dotés de capacités de « conditionnabilité »[6] , autrement dit des êtres dont les connexions neuronales sont, du fait de leur plasticité, modifiables et adaptatives. Toutefois les vecteurs des effets générateurs de prédispositions durables, agissent en relayant des charges dynamiques ; c'est dire que, pour être efficientes, elles ne peuvent ne pas activer notre système intrapsychique de récompenses forgé tout au long des millions d'évolutions du vivant. Et sur ce point, l'ouvrage de Sébastien Bohler intitulé « Le Bug humain »[7] ouvre des perspectives précieuses de nature à étayer le bien-fondé de nos analyses. Cet expert en neuroscience y prophétise un « buggage » généralisé de l'espèce humaine dû au fait que le système de récompense, hier nécessaire à notre survie, nous conduit aujourd'hui à notre ruine. La conséquence catastrophique de son maintien en fonctionnement est une marche suicidaire sur la voie de l'épuisement de nos ressources environnementales naturelles, à l'image de ce qui se passe dans un tube de

---

[5] *Cf* Bourdieu, P., 1997, *Méditations pascaliennes,* Seuil, Paris

[6] Bourdieu, P.*, op. cit.*

[7] Bohler, S., 2019, *Le Bug humain*, Laffont, Paris

laboratoire où sont cultivées des bactéries qui se reproduisent jusqu'au dépassement de la capacité de leur milieu à les nourrir parce que l'évolution ne les a dotées d'aucun moyen contraceptif en mesure d'adapter leur croissance aux ressources de leur environnement clos. En l'occurrence Sébastien Bohler recense cinq systèmes de récompense – dont celui motivant une espèce à maximiser sa biomasse – qui fonctionnent à vide désormais, comme le moteur d'une voiture qu'on emballe au point mort. Ces cinq fonctions d'incitation à une action non régulée ont comme point focal la nourriture, le sexe, le pouvoir, le confort et l'information. En ce qui concerne la connaissance par corps de la soumission, seules les pulsions accumulatives de pouvoir et d'information, nous intéressent. Elles ne peuvent en effet se heurter à aucune limite, car la captation de pouvoir sans régulation ne peut aboutir qu'à la situation-butoir où un *Big Brother* unique asservit toute la planète. Quant à la soif des informations divulguées par les médias, elle s'avère inextinguible, sa limite théorique étant une humanité scotchée 24 heures sur 24 devant un écran connecté à la toile. Une étude récente a repris plus finement l'expérience de Turing. Elle a consisté à mesurer l'effet sur la partie du cerveau au cœur des affects, *i.e.* le striatum dont Bohler a développé la mesure et l'enregistrement de son activité électrique. Les sujets de ladite étude n'avaient pas à formuler une question à la réponse de laquelle il serait possible de dire si elle est le fait d'une intelligence humaine ou artificielle. La consigne qu'ils avaient à suivre était de dialoguer avec divers interlocuteurs dont ils savaient à l'avance que c'était un humain ou un robot. Résultat obtenu : Leur striatum était plus activé dans le premier cas de figure que dans le second.

Sur le modèle de ce dernier dispositif expérimental, il devient loisible de dessiner les processus d'action/réaction entre ces charges dynamiques dont nous avons fait l'hypothèse pour caractériser les rapports de soumission dans le champ sémionomique, en les référant à leurs fondements neuronaux sous-jacents. Ce qui est à espérer d'un modèle inspiré de la sorte dans le but d'éclaircir notre vision du nouvel âge historique et de son fonctionnement, c'est de pouvoir objectiver et donc mesurer les effets d'attraction et de répulsion expliquant les déplacements des positions dans le champ sémionomique.

Prédiction de l'impact sur les comportements, des rapports sociaux de soumission people

Comme la soumission people active notre striatum, elle incite forcément à l'action en induisant des comportements. Il s'agit maintenant de tenter de classifier ceux-ci pour pouvoir élaborer des hypothèses sur leur distribution.

La soumission implique un type de sociabilité se traduisant sous la forme de conduites d'affiliation variées. La personne people appartient à une catégorie sociale tendant à être exclusive. Mais cette occupation d'un espace social réservé a pour corolaire la création d'une multitude d'espaces constitués par les clubs des fans gravitant autour d'une idole. En conséquence les phénomènes d'affiliation liés à ceux de soumission, ont une coloration religieuse. Le people se vit forcément comme un être élu, au sens d'appelé entouré d'une cour d'affidés, ces *followers* transmués en gibier sur les réseaux sociaux qui sont le nouveau terrain de chasse des peoples de la nouvelle génération se targuant d'être des influenceurs-prescripteurs. Ainsi, à la première dimension opposant soumission active et passive, s'en ajoute une autre qui fait intervenir le facteur temps en introduisant ce qu'on pourrait appeler une querelle des anciens et des modernes. D'autres dimensions pourraient être introduites pour affiner nos classes de comportements inspirés par la *famae sacra fames*, cette faim sacrée de la notoriété qui a remplacé, à l'âge sémionomique, celle de l'or. Toutefois, étant donné la propension de la haute technologie à révolutionner les modes de production industriels des biens sémionomiques, la prise en considération du facteur temps permettra à lui seul d'englober au fur et à mesure de leur mise au point les nouveaux instruments créateurs de valeurs de sens.

Pour en venir aux prédictions sur le futur du peopolisme, on peut dire que le fossé entre soumettants et soumis est appelé à encore se creuser dans le court et le moyen terme. La raison en est que le système de récompenses gratifiant les comportements ouvrant les portes d'accès au Gotha people est encore très fort. De même continuent à gratifier intensément les actes de projection identificatoire aux êtres charismatiques qui officient aux grandes messes médiatiques que sont les émissions télé à forte audience. Dans ces conditions, on peut dire qu'il reste encore à la soumission people de beaux jours à vivre. Prévoir le long terme est plus délicat. Les réseaux sociaux viennent d'être évoqués. La seule hypothèse que l'on peut formuler à leur sujet est qu'ils soient au point de départ d'une rébellion anti-people. Mais je crains qu'une telle hypothèse soit destinée à subsister quelques décades sous la forme d'un vœu pieux.

Un ultime regard sur l'aspect politique de notre questionnement critique

Pour conclure, je reviens sur ce dont j'aurais dû partir, *i.e.* la question du rapport entre peopolisme et populisme. Je pense qu'il est possible de tirer de ce qui précède la conséquence suivante : le premier isme favorise grandement le second. En effet la soumission people entraîne celle des collectifs personnifiés qui, dès lors qu'ils le sont, déferlent dans les médias. Leur image est celle de foules qui manifestent sous leurs pancartes. Je propose, à l'appui de cette thèse, de mentionner le fait que les rassemblements visibles et/ou audibles sur toutes les antennes sont toujours nationaux, jamais européens. Et donc l'image des leaders qui prétendent les incarner devient source de récompenses par le truchement de l'activation du striatum des supporters qu'ils soumettent à leur charisme. L'adhésion de ces derniers aux valeurs nationales singulières est si profondément émotionnelle qu'ils se trouvent dans l'incapacité de s'unir en un seul parti pour affronter les prochaines élections européennes.

Enfin, je voudrais relever la mauvaise foi de tous ces peoples qui prennent fait et cause pour la sauvegarde de l'environnement et, par extension, pour le salut de notre planète. Leur action est aussi peu désintéressée que celle de l'animateur d'un appel à la bienfaisance qui prélèverait au passage un quota des dons qu'il recueille. Je sais, soupçonner l'intégrité morale de Coluche quand il a créé les restos du cœur peut paraître malintentionné. Cet humoriste avait conquis et soumis un public que son action caritative avait encore élargi. Il faisait profiter des indigents de son immense popularité. Seulement, à mon humble avis… politique, il aurait mieux fait pour eux de maintenir sa candidature aux élections présidentielles de 1980.

Le problème reste, au final, de savoir si va s'organiser, avec notamment une révolution dans la circulation et des échanges des charges dynamiques dans le champ sémionomique, une véritable résistance des masses soumises aux pleins pouvoirs du peopolat.

Table des matières

SCIENCES SOCIALES
AUX ÉDITIONS L'HARMATTAN

Dernières parutions

GEORGES BALANDIER ET L'AFRIQUE

Moustapha Tamba

L'Afrique doit beaucoup à Georges Balandier. Outre le fait qu'il a participé à la création de la revue Présence africaine, il y a publié des articles antiracistes et anticolonialistes alors remarqués et a contribué à faire connaître les cultures africaines, en particulier leurs littératures et leurs arts. Ses travaux de recherche personnels constituent le principal domaine de son apport dans la mesure où il a contribué à la connaissance des sociétés africaines aux points de vue de leurs réalités et des démarches scientifiques nécessaires à leur appréhension.

(Coll. Harmattan Sénégal, 306 p., 32 euros)

ISBN : 978-2-343-16614-8, EAN EBOOK : 9782140120930

STRASBOURG, CREUSET DES SOCIOLOGIES ALLEMANDES ET FRANÇAISES

Sous la direction de Suzie Guth et Roland Pfefferkorn

Suzie Guth, Roland Pfefferkorn

L'installation à Strasbourg en 1872 de la Kaiser-Wilhelms-Universität fut une entreprise culturelle et politique de grande envergure. L'Empire allemand a créé cette institution et la France l'a utilisée. Cette université a joué un rôle important dans la formation des sociologues "fondateurs" au tournant des XIXe et XXe siècles.

(Coll. Logiques sociales, 274 p., 27 euros)

ISBN : 978-2-343-17198-2, EAN EBOOK : 9782140121005

JOSEPH TONDA ENTRE IMAGINAIRE ET CONNAISSANCE

Noël Bertrand Boundzanga, Christ-Olivier Mpaga, Placide Ondo

La pensée de Joseph Tonda est une pensée endogène, qui échappe à tout excès de transcendantalisme et qui privilégie une investigation « par le bas », au sens où la compréhension de la réalité sociale part des pratiques objectivées. Dans son écriture, les pratiques du sujet réflexif africain subsaharien sont alors mises en sens. Ledit sujet cesse d'être postulé à partir des catégories héritées des théories occidentales. Pourtant, dans ses fictions, Joseph Tonda n'échappe pas au piège de la postcolonie. Poursuit-il la dévitalisation de l'image de l'Africain ?

(Coll. Colloques et rencontres, 264 p., 28 euros)

ISBN : 978-2-343-17343-6, EAN EBOOK : 9782140121272

FEMMES, LAÏCITÉ, ÉGALITÉ, HANDICAP

Coordonné par Alain Piot

Association Femmes pour le Dire, Femmes pour Agir

Alain Piot

Comment conjuguer ces trois termes - femme, laïcité, handicap - sinon en les plongeant dans le bain de la liberté et de l'égalité? Nous allons parler des femmes. Ne pensons pas que les religions aient inventé la soumission de ces dernières aux "mâles", ce que nous appelons le patriarcat (domination du "Père"). Elles ne l'ont pas inventé, comme l'explique Françoise Héritier, mais elles l'ont légitimé et plus encore fixé dans l'absolu des Tables de leurs Lois.

(164 p., 17,5 euros)

ISBN : 978-2-343-17360-3, EAN EBOOK : 9782140119828

PARCOURS EN ACCUEIL FAMILIAL

Sens et pratique

Séverine Euillet

Comment le parcours de l'enfant protégé se construit-il tout au long de la mesure de protection, au gré des échéances et des événements de vie ? Un fil temporel tisse un lien entre les chapitres qui abordent le suivi en prévention avant le placement, l'accueil de bébés nés sous le sceau du secret, l'accompagnement d'adolescents en rupture, la fin de l'accueil et le point de vue des jeunes une fois devenus adultes. En émerge une réflexion permanente et développée autour de la place de l'enfant dans ce parcours, sa participation, son agentivité et la considération de ses droits.

(Coll. Savoir et formation, 160 p., 17,5 euros)

ISBN : 978-2-343-17271-2, EAN EBOOK : 9782140118678

LES SYSTÈMES D'ABUS AU POUVOIR

Les abuseurs veulent maintenir l'ordre des choses

Louise Fines

Comment se fait-il que des systèmes d'abus perdurent et se reproduisent sans que les individus fautifs et les organisations qui les protègent ne soient inquiétés outre mesure ? Pour répondre en partie à ces interrogations, nous procédons à des études de cas qui touchent des sphères sociales et politiques diverses : un constructeur automobile (Ford, Etats-Unis), un service forestier de pompiers (États-Unis), des forces policières (Royaume-Uni), une industrie qui s'occupe du nettoyage des bâtiments (États-Unis), l'affaire Weinstein dans l'industrie du cinéma (échelle mondiale), un syndicat étudiant (l'Unef, France) et les communautés de l'Église catholique (Australie).

(Coll. Questions contemporaines, 222 p., 22,5 euros)

ISBN : 978-2-343-16911-8, EAN EBOOK : 9782140119903

TERRITOIRES AU SINGULIER, IDENTITÉS AU PLURIEL

Sous la direction de Jean-Marc Stébé et Hervé Marchal

Jean-Marc Stebe, Hervé Marchal

Cet ouvrage entend croiser de façon systématique deux questions très actuelles et au coeur des enjeux de sociétés contemporaines : celle du territoire et celle des identités. L'ambition peut paraître déraisonable tant les notions de territoires et d'identités font l'objet de multiples définitions et sont sujettes à débat et controverses.

(Coll. Recherche et transformation sociale, 310 p., 32 euros)

ISBN : 978-2-343-17384-9, EAN EBOOK : 9782140119552

FIGURES DE L'OUTSIDER EN AMÉRIQUE HISPANIQUE

Nicolas Balutet

L'objectif de cet essai, qui s'appuie sur des figures d'outsiders hispano-américains (Chili, Costa Rica et Mexique), est de comprendre, d'une part, les mécanismes sociétaux qui les produisent et, d'autre part, d'analyser les différentes actions mises en place par ces outsiders afin de s'y opposer ainsi que leurs résultats. Il s'agit donc d'une étude s'inscrivant pleinement dans l'entreprise déconstructiviste opérée par le postmodernisme et le post-colonialisme qui interrogent respectivement les grandes idéologies totalisantes comme la religion, la nature, la science, la famille, le patriarcat, etc.

(Coll. Homotextualités, 462 p., 42 euros)

ISBN : 978-2-343-17334-4, EAN EBOOK : 9782140119040

SCIENCE EN SOCIÉTÉ

Les représentations dans les controverses et les questions socio-scientifiques

Emmanuella Di Scala

Cet ouvrage collectif a pour enjeu d'identifier les représentations sociales mobilisées dans certains cas de controverses socio-scientifiques et certaines questions sciences-société. Cette caractérisation permet de mettre en lumière le rôle que peuvent avoir les représentations sociales sur les orientations paradigmatiques des différents publics analysés : scientifiques, enseignants, élèves.

(Coll. Colloques et rencontres, 130 p., 14 euros)

ISBN : 978-2-343-16832-6, EAN EBOOK : 9782140119026

BANLIEUES, CITÉS GHÉTTOS, BIDONVILLES, CAMPEMENTS...

Définitions, mythes et réalités

Manuel Boucher, Hervé Marchal

Dans un contexte d'accroissement mondial de fortes inégalités propices à la décomposition du lien social, cet ouvrage collectif décrit et analyse des territoires (cités d'habitat social, zones urbaines peripheriques, ghettos, bidonvilles, campements...) où se donne le plus à voir, aujour'hui, la concentration des difficultés et des vulnérabilités productrices de phénomènes de désorganisation et de réorganisation sociale.

(Coll. Recherche et transformation sociale, 376 p., 37,5 euros)

ISBN : 978-2-343-17383-2, EAN EBOOK : 9782140118555

LA MALADIE D'ALZHEIMER

Comprendre et communiquer avec le malade d'Alzheimer

Tiphaine Grain

Avec l'augmentation de l'espérence de vie et l'amélioration de la qualité des soins, de nouvelles pathologies ont fait leur apparition de manière fréquente dans la population. C'est le cas pour les pathologies neurodégénératives comme la démence de type

Alzheimer. L'absence de traitement curatif et sa forte fréquence en font un problème de santé publique majeur dont l'abord médicamenteux seul ne suffit pas. La présence des troubles du comportement inhérents à la pathologie est majorée par les difficultés du malade à exprimer ses émotions. Comment le malade peut-il comprendre et s'adapter à son environnement ? Quels sont les outils de communication dont il dispose pour s'exprimer notamment sur le plan émotionnel ? Comment l'entourage peut-il s'adapter pour faciliter la communication et réduire les troubles du comportement ? Cet ouvrage s'adresse tant aux familles qu'au personnel médical et paramédical. Il retrace le parcours du malade d'Alzheimer et de son entourage des premières interrogations au diagnostic puis à la prise en charge. Il propose un regard sur la compréhension du comportement des personnes touchées par cette pathologie et tente de fournir des clefs sur les comportements à avoir en face au malade.

(124 p., 14 euros)

ISBN : 978-2-343-17283-5, EAN EBOOK : 9782140117770

LES AFRIQUES RÉCRÉATIVES

Loisirs sportifs et pratiques urbaines ordinaires

Yaya Kone

Peu d'études scientifiques portent sur les loisirs sédentaires et les activités sportives en Afrique. Pourtant, les contextes politiques, économiques et socioculturels des régions subsahariennes impliquent une approche singulière des loisirs. Cette étude contribue à mieux cerner la complexité de la vie sociale et culturelle dans les métropoles africaines. Ces travaux qui questionnent le corps se focalisent sur la façon dont les habitants se divertissent. Comment se transforme-t-on à travers les loisirs ? Quel sens donne-t-on à sa pratique ?

(Coll. Études africaines, 222 p., 22,5 euros)

ISBN : 978-2-343-16179-2, EAN EBOOK : 9782140117572

LE DROIT À LA VISIBILITÉ DES MINORITÉS ETHNIQUES À LA TÉLÉVISION FRANÇAISE

La situation particulière des originaires d'outre-mer

Jim Lapin

À la fin des années 1990, une revendication tenant à faire une plus grande place aux « minorités visibles » à la télévision française s'affirme. Les originaires d'outre-mer établis en France hexagonale subissent aussi des discriminations à la télévision s'apparentant à une certaine exclusion de la société française. En réponse, les pouvoirs publics ont adopté une réglementation originale qui, par respect de la Constitution, s'appuie non pas sur l'ethnie mais sur la notion de « diversité culturelle ».

(Coll. Champs visuels, 240 p., 25,5 euros)

ISBN : 978-2-343-17103-6, EAN EBOOK : 9782140117121

Structures éditoriales du groupe L'Harmattan

L'Harmattan Italie
Via degli Artisti, 15
10124 Torino
harmattan.italia@gmail.com

L'Harmattan Hongrie
Kossuth l. u. 14-16.
1053 Budapest
harmattan@harmattan.hu

L'Harmattan Sénégal
10 VDN en face Mermoz
BP 45034 Dakar-Fann
senharmattan@gmail.com

L'Harmattan Cameroun
TSINGA/FECAFOOT
BP 11486 Yaoundé
inkoukam@gmail.com

L'Harmattan Burkina Faso
Achille Somé – tengnule@hotmail.fr

L'Harmattan Guinée
Almamya, rue KA 028 OKB Agency
BP 3470 Conakry
harmattanguinee@yahoo.fr

L'Harmattan RDC
185, avenue Nyangwe
Commune de Lingwala – Kinshasa
matangilamusadila@yahoo.fr

L'Harmattan Congo
67, boulevard Denis-Sassou-N'Guesso
BP 2874 Brazzaville
harmattan.congo@yahoo.fr

L'Harmattan Mali
Sirakoro-Meguetana V31
Bamako
syllaka@yahoo.fr

L'Harmattan Togo
Djidjole – Lomé
Maison Amela
face EPP BATOME
ddamela@aol.com

L'Harmattan Côte d'Ivoire
Résidence Karl – Cité des Arts
Abidjan-Cocody
03 BP 1588 Abidjan
espace_harmattan.ci@hotmail.fr

L'Harmattan Algérie
22, rue Moulay-Mohamed
31000 Oran
info2@harmattan-algerie.com

L'Harmattan Maroc
5, rue Ferrane-Kouicha, Talaâ-Elkbira
Chrableyine, Fès-Médine
30000 Fès
harmattan.maroc@gmail.com

Nos librairies en France

Librairie internationale
16, rue des Écoles – 75005 Paris
librairie.internationale@harmattan.fr
01 40 46 79 11
www.librairieharmattan.com

Lib. sciences humaines & histoire
21, rue des Écoles – 75005 Paris
librairie.sh@harmattan.fr
01 46 34 13 71
www.librairieharmattansh.com

Librairie l'Espace Harmattan
21 bis, rue des Écoles – 75005 Paris
librairie.espace@harmattan.fr
01 43 29 49 42

Lib. Méditerranée & Moyen-Orient
7, rue des Carmes – 75005 Paris
librairie.mediterranee@harmattan.fr
01 43 29 71 15

Librairie Le Lucernaire
53, rue Notre-Dame-des-Champs – 75006 Paris
librairie@lucernaire.fr
01 42 22 67 13

www.ingramcontent.com/pod-product-compliance
Lightning Source LLC
LaVergne TN
LVHW051412061026
849535LV00009B/3494